新教育文库
蒲公英书系

一路幸福地走来

宋磊 著

海峡出版发行集团 | 福建教育出版社

图书在版编目（CIP）数据

一路幸福地走来/宋磊著. —福州：福建教育出版社，2019.12
（新教育文库. 蒲公英书系）
ISBN 978-7-5334-8497-2

Ⅰ.①一… Ⅱ.①宋… Ⅲ.①教育学－文集 Ⅳ.①G40-53

中国版本图书馆 CIP 数据核字（2019）第 165153 号

新教育文库·蒲公英书系

Yilu Xingfu Di Zoulai

一路幸福地走来

宋磊 著

出版发行	福建教育出版社
	（福州市梦山路 27 号 邮编：350025 网址：www.fep.com.cn
	编辑部电话：0591－83726908
	发行部电话：0591－83721876 87115073 010－62027445）
出 版 人	江金辉
印　　刷	福州泰岳印刷广告有限公司
	（福州市鼓楼区白龙路 5 号 邮编：350003）
开　　本	710 毫米×1000 毫米 1/16
印　　张	12.75
字　　数	189 千字
插　　页	2
版　　次	2019 年 12 月第 1 版 2019 年 12 月第 1 次印刷
书　　号	ISBN 978-7-5334-8497-2
定　　价	30.00 元

如发现本书印装质量问题，请向本社出版科（电话：0591－83726019）调换。

总　序

教育实验是一项细致而长久的工程，需要通过一代人去影响另一代人，不能急于求成，不能固步自封，一定要学会等待，一定要耐得住寂寞。

新教育实验更不例外。

中国教育有许多弊端，但仅仅是怒目金刚式的斥责和鞭挞，虽然痛快却无济于事。对于中国教育而言，最需要的是行动与建设，只有行动与建设，才是真正深刻而富有颠覆性的批判与重构。

新教育实验就是寓重构于行动之中，寓批判于建设之中。

新教育要做的，就是给教师和学生一种幸福完整的教育生活，一个开阔无垠的精神视野，让他们对人的内心的复杂性有更为深切的体验，不但要了解生命的伟大和宇宙的博大，而且要感受生活的丰富与人性的丰厚。

从 2000 年《我的教育理想》的出版，新教育思想悄然萌芽，到 2014 年《新教育文库》的第三版重订，此时此刻的中国大地上，2000 多所学校的 200 多万新教育师生，正走在新教育的路上。

以追寻理想的执著精神、深入现场的田野精神、共同生活的合作精神、悲天悯人的公益精神，埋首耕耘，成就我们的人生、我们的教育、我们的民族——这就是新教育精神的本质内涵。

新教育追求高度，但永远不会高高在上；新教育培养卓越的教师，更关注普通的教师；新教育不是一个精英俱乐部，而是一个宽容开放的团队。新教育始终敞开胸怀，永远等待、拥抱理想主义者。真实的新教育，永远在田野中，在千千万万默默无闻的普通教师的教室里。

新教育人，就是这样一群有着共同梦想、遵守共同标准的志同道合者。彼此为对方的生命祝福，彼此珍惜生命中偶然的相遇，彼此郑重作出承诺，共同创造一间又一间完美的教室，共同书写一篇又一篇生命的传奇。

新教育不求无懈可击的理论体系，而是强调行动起来，在实践中思考，在实践中提升，在实践中成长。帮孩子成为自己，让我们成为自己，一个完整的幸福的自己。我们不是人类文明的创始者，但人类文明可以通过教育的伟大理想穿越时空，通过我们今天的行动变为现实。

当然，我们也知道，只有对新教育的认识从"概念"向"信念"推进，由"理想"转向"思想"引领，激发出人们深沉的情感、执著的意志，从精神世界的积淀表现为主体的自觉行动时，新教育实验才可能真正成为人生力量和教育智慧的策源地。

新教育文库，正是总结、梳理、传播新教育人的所行所思所得的一种努力。无论是经验还是教训，这一路跋涉的足迹，都将成为指向明天的路标。

在这套文库中，不同书系有着不同定位：我们希望用"通识书系"积淀下新教育的根本书籍，介绍新教育的课程与项目，用"中国人阅读书目"书系梳理专业阅读研究成果，用"蒲公英书系"及时总结一线教育经验，用"萤火虫书系"全力搭建家校沟通的平台，用"领读者书系"传播阅读与阅读推广人的经验，用"阅读力译丛"和"赫希核心知识系列"来介绍国外阅读理论与实践……

我们并不准备用一部部书籍堆砌功名的城堡，但我们盼望这一部部心血凝成、行动书写的图书，能够成为一块块砖石，铺就一条通往彼岸的桥梁。

那么，新教育的彼岸是什么模样？

我想，彼岸是一群又一群长大的孩子，从他们身上能清晰地看到：政治是有理想的，财富是有汗水的，科学是有人性的，享乐是有道德的。

亲爱的新教育同仁，我们正在这条通往彼岸的船上。让我们同心同行，过一种幸福完整的教育生活。

行动，就有收获。

坚持，才有奇迹。

朱永新

2018年1月21日于北京滴石斋

序： 幸福向远方

直到今天，我与宋磊未曾谋面过，但我们已是情意浓浓的"挚友"。与宋磊的相识，可以算是一个机缘。那是2015年年底，李镇西研究会举行了"小手拉大手"活动，宋磊老师主动向我"示爱"，我们便成为了所谓的"师徒"。说来惭愧，我这个老师是极不称职的，相反，"学生"宋磊却让我刮目相看！

前些日子，我收到了"学生"宋磊20多万字的大作——《一路幸福地走来》，同时，他还在留言中说，《一路幸福地走来》即将出版发行，让我这个不称职的"老师"为其大作写个序言。能得到"学生"的如此信任，实乃为师者的一大幸事，更让我对"学生"宋磊所取得的成绩倍感骄傲！

一段时间以来，我是怀着激动的心情通读《一路幸福地走来》的。读罢全书，展现在我眼前的是一个普通教师的幸福追梦路——一个幸福教师的闪光人生足迹。我坚信，你读了也会感同身受的！

"幸福"是什么呢？或者说教育的幸福是什么？

在当前这样一个教育背景下，许多地方，有一些教育，学生的童年和心灵充满了失败，没有美好的梦想，很多孩子已经失去了凝望世界的明媚，失去了追求理想的冲动，失去了成功的情怀和感恩之心。我们的孩子，甚至还有很多教师已经没有幸福可言，我们也经常看到和听到，教师在诉说他们痛苦的经历。而宋磊老师却用自己的行动和理念阐述了教育是可以幸福的。

用幸福的心做幸福的教育，用教师的幸福孕育学生的幸福，这样，师生就能真正过上一种幸福完整的教育生活。

这或许就是我们所追求的教育的幸福！

教育因探索而美丽。不难看出,《一路幸福地走来》展现给我们的,是一个对新教育执著探索的践行者,从中足以窥见宋磊对于幸福完整教育生活的深情向往和不懈追求。2014年以来,宋磊执著踏上了新教育实验之路,这意味着他的教育之旅注定是一场布满荆棘的冒险之旅。然而,从篇篇文字中,他的教育故事让我对他的这次远征之旅肃然起敬。正是有像宋磊这样一大批情怀别具的探索者,在新教育这方天地里奋力前行,才使中国教育充满希望,才使中国教育沃土拥有未来。

今天,当我再次读起《一路幸福地走来》的时候,我的内心充满了感动,也充满了温暖,不免又多了一丝惭愧。作为"老师",我唯有像宋磊一样努力前行才能无愧于"师徒"这一称号,更无愧于其让我撰写序言的信任。当下,我尤为期待的是,在今后的岁月里,宋磊能继续带着希望上路,怀着憧憬登程,不管风雨,不管泥泞,始终执著、幸福地行走在新教育之路上!

其实,我一直都在想,教师的幸福到底是什么?从《一路幸福地走来》的字里行间,我终于明白了,像宋磊一样做教师,就是幸福的,因为,幸福是诗意,更是远方。

是为序。

刘沛华
2016 年 8 月 8 日

自序： 出书狂想曲

以前，从没有想过，自己能出一本书。

儿时，特别深的记忆，只有这么点：老爸怯生生地去问我的邻居，也就是我的语文老师兼班主任：娃子学习咋样啊？

老师一脸悲哀地讲：这孩子，别指望学习这条路了。

老爸一脸无助和悲伤。

不怪老师，当时懵懵懂懂的我，一直在班级后几名徘徊。一个只有初中学历的语文教师，能认为一个后几名的孩子将来学习有出息吗？

不会的，肯定不会。

后来，上了初中，英语学得一塌糊涂，英语老师把我叫到办公室里，狠狠地讲：你已经刀枪不入了。

一个对学习刀枪不入的人，一路跌跌撞撞地上了专科学校，成了教师。

2013年10月底，已经工作近十年的我，和我们的校长去潍坊参加全国随笔化写作第二届年会。会上发了三本书。这三本书竟然是同一个作者，而且这个作者我竟然认识，竟然比较熟悉。翻看书中的内容，竟然有我在一次活动中的发言。

啊，这是什么书？！我有一种被"电"到的感觉。出书竟然这么简单，我也可以出书的！我竟然冒出这样一个念头。那天晚上，我兴奋得失眠了。第二天，见到校长，我竟然口出狂言：校长，不久的将来我也要出书，而且我已经想好了书名……

我有点疯掉的样子。你不知道，工作了十年，我几乎没有写过一篇像样的文章，每次的期末总结以及要上交的活动材料，都是东拼西凑出来的。没有发表过一篇文章的我,竟然想出书,真是疯掉了!

校长真好,不但没有嫌我张狂,反而和我探讨起这个话题,给我提出了一些现在想来仍很合理的建议。

或许,正像有人讲过的:想成功,先发疯,不顾一切向前冲;想成长,先发狂,不顾一切往前闯。

那一段时间,我真的很疯。从潍坊回来之后,我启动了疯狂模式。

每天晚上都写,想到什么写什么,看到什么写什么,也不管有用没用,先写起来,先有数量最重要。有时候写到凌晨,有时候半夜里突然来了灵感,兴奋地起来写到东方晓白……就这样,一周下来,两周下来,一个月下来,我竟然坚持写下来了,看到 word 文档里的文字不断地膨胀,自我幸福感也不断地膨胀。

后来参加了新教育实验,更是激发起我教育的热情和写作激情。我,竟然可以写这么多。三年多的时间,我竟然写了 200 多万字。我竟然也断断续续地发表了一二十篇文章。

另外令人欣慰的是,这三年多的生活记述,是无功利的,是不靠毅力而靠兴趣和热情坚持的。我为孩子留下了很多文字,每一个字都不是靠行政命令憋出来、压出来的,而仅仅是因为这几年生机盎然的班级生活和孩子们的热情可爱不断地温暖着我,震撼着我,魅惑着我。这些文字,都是"好雨知时节,当春乃发生",连我自己也不知道从什么时候开始,它们居然也有了"乱花渐欲迷人眼"之势了。

有了这些 200 多万字的"肥料",我的内心想出本书的愿望更迫切了,我要让这 200 多万字的"肥料"变成养分,要在上面开出一朵花。

有时候,我也在想,这些文字整理成书稿,出一本书有意义吗?因为我先天不足,后天失调。上学的时候没有课外书,没有像样地读过一本课外书,后来工作了,也懒得看书,懒得写文章,像我这样水平的人,能写出像样的文字吗?我怀疑,怀疑自己的能力,以至于当信誓旦旦想出一本自己的书的时候,又怀疑自己把这些文字整理成书稿的必要性,有意义吗?

在怀疑中,我仍在往前走着,于一年前就整理成一个相对完整的书稿了，但，还是因为怀疑，我没有把它发出去，一直封存在那里。但，梦还在那里，时不时会出来叨扰我，让我会不时牵挂起这件事来。

想想，还是出吧，哪怕仅仅是对自己的一个交代呢，对那一个有点发疯岁月的交代，敝帚自珍又何妨呢？而且，我相信，生命的每一段，都有不可超越的精彩。整理成书，是一种回望，让我明白生命就是一段永不停息的上升之路，而在它的每一段，又都会有不可替代的风景。

于别人，似乎没有意义，因为这书太浅显，太不成系统了。但或许，这些浅显、不成系统的文字也会有其他的意义。就像我遇到那三本书的情形，当一位读者看到这些或许并不值得一读的文字的时候，突然会激发出一个狂想——我也可以出一本书。是否又会引发另一个故事呢？

就像海德格尔所说：存在的真理是没有遮蔽地显现在世界上，但它不能够一劳永逸，隐秘和沉沦是它的宿命，在新的时间、新的历史、新的境遇中，我们还需要再度以另外一种方式，把同一存在真理、同一神性活出来。

那些粗糙的文字里，有我今天的路，也有我以后的路；那些真实的文字里，蕴含着今天的我的样子，也蕴含着我未来的样子的种子。

目录

第一辑　且行且思 ……………………………………… 1
　做阅读的传道士 ………………………………………… 3
　四件武器助成长 ………………………………………… 6
　你愿意早到校吗？ ……………………………………… 9
　莫让微信成了"威信" …………………………………… 11
　关于认知 ………………………………………………… 14
　孩子的问题是你制造的 ………………………………… 15
　教师应培养自己深度工作的能力 ……………………… 18
　只有你改变了，世界才会改变 ………………………… 20
　你欠世界一个言说 ……………………………………… 23
　看惯了不是成熟，是堕落 ……………………………… 26
　在级部会上的发言 ……………………………………… 29
　经由写作 ………………………………………………… 32
　谈"体罚" ………………………………………………… 35
　每个人都是环境 ………………………………………… 38
　我们的校长 ……………………………………………… 40
　风风火火之后的冷思考 ………………………………… 43
　校长眼中应该有那"沉默的大多数" …………………… 45

小处不可随便	47
你讲话了吗？	49
抱团成长	51
"扎根教室"随想	54
由"禁止系鞋带"想到的	56
"四招"凝心聚力	58
斜风细雨不须归	61
兔子是不会在中途睡觉的	62
周日遐思	64
小议"学校是犯错的地方"	65
莫用活动来压学生	67
学校无小事乎？	69
班主任你到底是干啥的	
——谈班主任的角色定位	71
成长永远比那个"苹果"重要	74
班级管理要有正气	77
让每一天变成文字	79
听刘老师发言而引发的思考	82
谈积极班级管理	86
从"书香门第"谈起	
——家长要成为学习者	90
定好自己的椅子	92
让家长成为班主任的"铁杆粉丝"	94
点亮自己	101
一个好校长就是一所好学校	104
莫让孩子作业太依赖手机	106
课程意识与课程实践	108
和郝校长谈话引发的思考	110
读专业刊物还有必要吗？	113

做一个有光的教师 ………………………………… 115

第二辑　师生絮语 …………………………………… 117

　　孩子，为啥要努力 ………………………………… 119
　　"镇班之宝"——赵宝鑫 ………………………… 122
　　没有预设的"作家" ……………………………… 124
　　那些课，与未来有关 ……………………………… 126
　　教室里的小温暖 …………………………………… 128
　　你们是我永远的青春的礼物 ……………………… 130
　　和孩子聊世界 ……………………………………… 132
　　成长是生命最高的奖赏——礼参实践发言稿 …… 134
　　孩子，请学会赞美 ………………………………… 136
　　写给2013届毕业生的信 …………………………… 138
　　2014年正月初六写给毕业生的信 ………………… 140
　　给毕业生的第三封信 ……………………………… 143
　　给孩子们讲自己过去的事 ………………………… 146
　　民主下的"麻烦" ………………………………… 148
　　随手一扔而引发的教育 …………………………… 150
　　我没有心情写作业 ………………………………… 153
　　不认真复习，我咬你 ……………………………… 155
　　好学生可以造就好教师 …………………………… 157
　　得意门生——李蓬勃 ……………………………… 159
　　寒假致家长的一封信（一） ……………………… 162
　　寒假致家长的一封信（二） ……………………… 165
　　"柔软"地行走 …………………………………… 168
　　奖状可以这样发 …………………………………… 170
　　谁改变了谁啊？ …………………………………… 172
　　遥记那些消失了的校园 …………………………… 173
　　成功与否　微笑依然 ……………………………… 175

让孩子形成自动化阅读能力 …………………… 178

让文章像花生米一样美味 ……………………… 180

桌子下的奶盒子 ………………………………… 182

上帝为每只笨鸟都准备了一根矮树枝

——写给那些苛求孩子成长的家长们（也包括我）…… 184

后记 ……………………………………………… 186

第一辑

且行且思

通过阅读而激发起来的思维，好比是整理得很好的土地，只要把知识的种子撒上去，就会发芽成长，取得收成……学生对书籍的思考越多，他的内心中由于书籍而激发的喜爱感越强烈，他学习起来就越容易。

——苏霍姆林斯基

　　大量阅读实际上是对孩子的一种保护。阅读量大的孩子，在万恶至极的应试教育中，还能保持一种生命的从容和心灵的自由。

——宋磊

做阅读的传道士

　　昨天，去焦桥道口小学为500多名家长做了一场题为"唯有父母好好学习，孩子才能天天向上"的家庭教育讲座。

　　因为是室外讲座，天气是要考虑的。早晨下了小雨，我还有几丝担心，下午的活动是否可以如期举行。好在天公作美，下午太阳出来了，天气也是不冷不热，不至于让在外面听讲座成为一件苦差事。

　　讲座持续一个小时稍微多一点，计划是讲一个半小时的，可能自己的语速还是有些快吧。不过，整个过程，家长们还算是听得非常投入的。开始的时候，发现有些家长漫不经心地拨弄手机，但慢慢地头就抬起来了，进入情境，也认真地听我的讲座了。在广场后面还站着几位家长，坚持了一个多小时，听完我的讲座。

　　我真是感动啊！

　　每次讲座前，我都有些焦虑和恐惧。人家学校邀请咱去给家长做讲座，分享心得，是对咱的信任啊！不去不合适。但是，一旦答应去，就有一份责任，要对学校负责，对家长负责。同时仍担心自己的讲座不切合实际，耽误了家长和学校的时间，起不到效果。

当然，我一次次地安慰自己，不能苛求一次讲座就对很多人产生很大的影响，能影响一个家长就是效果，就是成功。

不过，还好，还好！每次讲座都有一定的效果！

上次去长山范公小学，为2000位家长做完讲座之后，有不少家长加我为微信好友，咨询我一些具体的问题。有的家长还谈到：本来因为购买新房，手头非常紧，不打算给孩子买书了。听了我的讲座之后，努力挣钱，继续给孩子多买书。我后来看到他们的微信朋友圈里，开始了每天的亲子阅读打卡，亲子阅读已经起航……

阅读开始起航，幸福的孩子、幸福的家庭就开始起航了。

在道口小学的讲座之后，也有家长咨询我，对我表示感谢，有位家长还给我写来了感谢信。

讲座结束的时候，我告诉家长们"滨州萤火虫分站"的QQ群号，有近百人申请进入QQ群。谈到萤火虫分站，自己也很惭愧，我是站长，这个分站就是为了线上线下推广儿童阅读而设，但是一直没有启动起来。这次告诉家长，让家长入群一是便于交流和分享，二是新父母研究所每天都有新父母晨诵、家长阅读这些内容，对教育孩子也非常有帮助。

我非常感动！

这也让我想到了帕克·帕尔默的那句话：好的教学是对学生的一种亲切的款待，而这亲切的款待经常会让主人比客人受益更多。

教学如此，讲座和分享也是如此。在亲切款待别人的同时，感觉我受益更多！

这次在道口小学的讲座，我加入了两个小调查环节，改变了过去自己一言堂的现象，加强了家长的参与。另外，我采取了"敲黑板、记重点"的策略，让家长记住五句话：

一、教师和家长是同事关系，是一条战线的一家人。

二、小学没有养成阅读习惯，没有大量阅读的孩子，是潜在的差生。

三、智慧的家长是舍得花钱给孩子买书的家长。

四、放开电视、放下手机，陪孩子开始阅读，孩子会感恩你一辈子。

五、孩子是家长的复印件，孩子有问题，家长应多反思自己。

采取这样的方式，重点就突出了，不至于家长当时听得挺热闹，结束之后什么也没留下。而这五句话家长能记住一两句，就可能成为他教育孩子的理念。

每次讲座，我都会谈到：我就像是传道士一样推广阅读，为何？因为我无限相信阅读的力量。甚至可以这样说：我固执地认为书籍可以解决孩子成长过程中的任何教育难题和成长难题。

我开玩笑地说，如果中国的年轻人结婚的时候，结婚彩礼除了车、房、家电等物品之外，能有几千块钱的购书卡或者几千块钱的购书专项资金，中国的明天将非常了不起！

哈哈，胡想而已，不过，将来我儿子结婚的时候可以这样做！

做阅读的传道士，让阅读成长成就更多的孩子！

四件武器助成长

好多老师讲：工作没有几年，就已经进入"崩溃状态"。学生难管理，班级一团糟；课堂教学更是了无生机，自己的课自己都感到乏味。一想到自己的职业生涯就这样度过，感觉心如刀绞。

教师的成长没有捷径，没有一试就灵的灵丹妙药。但，教师的成长是有路径的，正确的路径会助你成长。这儿有四件武器，不妨拿去试一试！

1. 明确方向

很多时候，一个学期稀里糊涂地开始了，一个学期也会稀里糊涂地结束。所以，明确自己的方向是最重要的，教师要想想自己在哪个方面需要精进。明确方向让自己心中有数，之后就要付诸行动，朝着方向努力成为更好的自己。

比如，我努力的方向是专业阅读。很好的一个方向。但，如何实现呢？不是在朋友圈里刷一下买了多少书就算是你完成目标了。而要看你是否真正穿越了一本书，真正走进一本书，真正理解了一本书。

很多教师的方向是写作。当这个方向明确了，如何实现呢？需要你一天天地努力。特级教师王君老师的微信里介绍了一位教师，从2016年8月20日到2017年的8月20日，365天写了365篇文章。连续写365篇文章是极其艰难的事情，一年中一定会遇到非常多计划之外的事情，能坚持到底说明有巨大的意志力，否则是无法实现的。

明确自己要往哪个方向发展，比自己笼统地下决心要努力更重要！

2. 坚持学习

坚持学习是一个人走向成功的核心武器。通过学习能够提升你的学习力，让你的武器不断升级，更加强大。

学习很重要的途径是读书。一天不读书和坚持读书的人没有差别，两天不读书也没有差别，一个月不读书也不会有大的差别，但是一个学期，一个学年下来，你只有仰望别人的份了。

学习本是成长、成功的核心武器、必备武器，但是，很多人却丢了。丢了此，意味着你的道路将走向滑坡，意味你将成为庸常的人。

学习并不单指读书。有一个学习的心更重要，向同事们学习，向孩子们学习，向大自然学习，向名师的课堂学习……有一颗学习的心，总能从生活的方方面面获得自己成长的灵感和养分，让你自得其中，又能成就自我。读于永正老师的《我怎样教语文》，了解到于老师爱好拉二胡、唱京剧，爱好书法，而他能将这些和教学巧妙融合，让自己的教学因此变得更加生动有趣。

明确方向，向着自己的方向坚持学习，这才是你成长的王道。

3. 扎实实践

教师不是理论家，需要在教室里扎实地实践。有人说当今中国有三种人：官人、学人、农人。教师要学做农人，两条腿深深扎到"泥巴"里，深入教室、深入课堂、深入孩子们的心中。

真正的名师都是一步步从教室里走出来的。关起门来写文章，高谈阔论做研究，是行不通的。新教育榜样教师常丽华老师，坚持带着孩子们晨诵，每天早晨穿越一首诗歌，行走于唐诗宋词里，行走在农历的天空下，一两年的时间和孩子们一起穿越了几百首诗歌，在引领孩子走向卓越的同时，自己也获得很多"额外的奖赏"，成就了自己。

4. 提高认知

有人讲：认知是一个人成长的天花板，认知的高度会决定人生的高度。就像一辆低配的汽车，永远无法实现高配车的性能。教师也是如此，对教育、对孩子的认知，决定了他的教育实践，也决定了他的教育高度和境界。

如何提高自己的认知呢？

认识"高人"。俗话说：阅人无数，不如高人指路。身边没有这样的高人怎么办呢？现在非常发达的网络为我们和"高人"建立链接并提供了便利和可能。例如，我一直在关注"镇西茶馆"，关注李镇西老师的公众号，还有王开东老师的公众号，以及王君老师的微信圈。这些都是教育界的"高人"，看他们日常更新的文章，知道他们在干什么，思考什么。无形中这些就提高了自己的认知。你还可以和他们交流，说出你的困惑，他们会非常乐意和你交流，帮你解疑答惑的。这也正是"高人"的高超之处，他们总能立足一线教师的实际，为我们提供更高的视野，更好的途径。

多元视角。教师的认知窄化，很重要的原因就是我们成天囿于教育这个小圈子，两耳不闻窗外事，一心只教"死知识"。时间久了，知识死了，人也"死"了。

很多人提倡"跳出教育看教育"是非常有道理的。现代化的信息科技发展，为我们的教育带来非常大的变革，我们必须以更广阔的视野，更多元的视角来看待我们的教育。多元视角看教育，就像我们用多棱镜看待一个事物，我们能看到不同的镜像。我们应摈弃过去单一的思维，多元化地理解我们的教育事件和我们的教育对象——孩子们。我们会在这种朝向中获得更丰富、更真实的认知和精彩。

成长是生命最高的奖赏。我们应朝着正确的方向，不断学习与实践，不断提高自己的认知，去遇到一个更好的自己。

你愿意早到校吗？

近来发现有个别老师早晨到校的时间特别晚，甚至经常迟到，而且有时候不请假就离开学校。

迟到，难道仅仅是迟到吗？或许，背后隐藏着更多问题。

迟到，是什么出了问题？

是制度不够严格。实际上，真正的学校管理是这样的：三流的学校管理是领导盯人，二流的学校是制度管人，一流的学校是文化育人。学校管理需要健全的制度，但若仅凭制度管理人，是无法把学校建设好的。有些人总有办法，在所谓的制度下搞鬼。从教师角度讲，如果仅仅靠制度约束，人虽约束在学校里，他也不会做与教育教学有关的事情。教育不是工业生产产品，所以，制度严格与否不是关键。

迟到、早退，是工作态度出了问题？肯定是。

但是我们仔细思考，又不仅仅是工作态度的问题，这已经暴露出了工作能力和水平的问题，这才是关键。因为能力有问题，才逃避；正因为工作能力差，工作水平低，才会不愿意进校，或者，想着早点离开学校。经常迟到，表面看是工作态度差，实际上深层问题在于工作能力不行，很多时候已经难以胜任自己的工作。对于这一点，很多教师是不愿意承认的，甚至意识不到。

那么，能力不行、水平不行怎么办呢？

这引出了我们的问题：你能按时到校吗？你愿意早到校吗？

大多数老师会说，当然能按时到校了。然而，按时到校，我们也可以细分的，是因为学校制度要求按时到校呢，还是因为自己喜爱学校、喜爱工作按时到校呢？如果你是后者，恭喜你，你的工作很快乐，你的学校生活过得比较幸福。

我们继续追问：你能否提前到校？

有人研究发现，经常迟到的教师一定是不值得同事和学生信任的教师。而提前到校的教师则是学校优秀的教师。

有这样一个故事：一位刚刚入职的教师，工作不久便抱怨课难上，学生难管理，班级处于一片混乱状态。他向一位名师请教，如何才能改变这种困局。这位名师没有笼统地告诉他应该读多少书，应该多么爱学生，应该怎样学习其他名师。是的，真正的专业成长，的确需要这些努力。任何人的成长，都是多种因素综合起作用的结果，需要长时间、复杂地学习和训练。但告诉这位刚刚入职的教师这些，又有多大意义呢？

这位名师只问了一个问题：你几点到校？

几点到校，这个很重要吗？是的，非常重要。对于一个刚刚入职的教师而言，对于一个班级工作或教学工作还比较混乱的教师而言，几点到校非常重要。

你是否能第一个进入办公室，第一个进入教室？当你很早地进入学校，你就已经向他人，更重要的是向自己宣布：我是积极的。这种积极意识会化成你积极的心态和行动。

你第一个进入教室，也在向学生传达一个强烈的信息——你对这个班级的信心。或许它不足以让你的教学更加娴熟，管理更加可行，但是，学生能感受到来自教师的那份力量，这份力量会增强他们的信心。

如果教师能第一个进入教室读书，那么传递出来的力量可能就更大了。我当班主任的时候，开学的第一周都是第一个进入教室，第一天迎接孩子们到校，第二天开始在教室里安静地读书。你安静读书的状态，会传递给孩子，让孩子对教室有归属感，对自己教室的明天也充满信心。

你早到校读书，孩子会在你的带动下安静读书，也就让班级由乱向安静有序迈进了不小的一步。即使有个别孩子捣乱，你可以提醒，你可以及时做出调整。早晨教室里静悄悄的氛围，会给你一天的工作增强信心。慢慢地，你就会有帕克所讲的教师最需要的：教学勇气。

教师早晨能早到校，能赶在学生进教室前进入教室，就是积极心理学中的积极暗示，会给孩子以积极的暗示，也会给教师自己以暗示。这样教师就会慢慢地走出一条路，找到自己的节奏，让自己的生命在教室里自由地流动。

你愿意早到校吗？

莫让微信成了"威信"

各个班级都建立了班级微信群，这群便捷好用，很快得到了家长和教师的认可。班级有什么活动，有什么紧急的事情，都能快速及时地把信息传达给家长。家长有什么要求和不明白的地方，也能及时和老师联系。比如说：孩子在家有点发烧，状态不好，孩子上学了，家长一直担着份心，家长可以利用微信群咨询一下老师，老师如果看到了，及时反馈给家长。很人性，很暖心。微信，架起了家庭和学校联系的快车道，架起了家庭和学校的暖心桥。

但是，近来我发现，微信群在使用的过程中，有的变了味了。班中某个孩子犯了错，在微信群里公布；班里谁昨天晚上没有完成作业，把名字在微信群里公布；考试成绩出来了，成绩也在微信群里公布。甚至，孩子上课不听话，有的教师，把他们照片一拍，也上传到微信群里，让家长围观，给孩子以警示。有的教师让没及时完成作业的孩子站成一队，拍了照片发到微信群里，让家长"拍砖"，给孩子以警示……

微信已经变味，成了教师"威胁"孩子，让孩子改错的"威信"。

这种做法，可能有一时效果，家长看到孩子的表现，能引起警觉，回到家就能认真地教育孩子，但是，这样做，是不是也存在很大的隐患呢？

在这样一个"公共场所"公布孩子的隐私（成绩和照片），这是不合法的。如果家长自我维权意识高，拿着这样的微信群信息去相关部门投诉教师，有理有据，一投诉一个准。可能有些家长怯于孩子在教师的班里还得继续学习，暂时不敢投诉，但是，这并不代表没有这种可能。这也同时反映了教师的法制意识淡薄，不知道维护孩子的合法权益，也不懂得保护自己。

从孩子角度讲，这样做对孩子成长显然是非常不利的。孩子虽然小，他也是有尊严的，教师这样随意公开孩子的错误，必然有伤孩子的自尊。

一些同学也会通过微信群看到，同学的嘲讽，家长的责备，这些都不利于孩子改正错误，所谓警示可能适得其反。

　　从深层次思考：教师的这种行为也反映出教师缺乏专业性，对孩子已经没有办法了，才出此下策，是一种"黔驴技穷"的表现。并且，这样草率地上传，也是思维懒惰的表现，不去想更好的办法帮助孩子，而是一甩手扔给家长——你看看你养的啥孩子。这不是教师自我发展的良途。

　　从家校联系来看，这样的"展示"，会造成比较严重的家校矛盾。谁都不愿意自己的孩子在这样公共场合被"示众"，即使孩子犯了错。这样的结果，家长不会感激说"这老师真有办法"，而一定会对教师有意见：工作方式不对，工作态度不好。

　　班主任老师应该怎么做呢？首先，必须杜绝这种行为——这种对孩子有危害，对自己有危险的行为。可能有些"熊孩子"习惯太不好，太让人生气，教师忍无可忍才有以上行为。但，事过之后，若带来不好的后果教师就会后悔了：自己太冲动，不该如此做。但这就晚了。很多网上传的视频或案例，都是教师一时冲动之举，但，后果已不可挽回。

　　其次，教师应该提高自己的定位，把自己定位成一个教育研究者，而不是一个管理者。孩子出现问题的时候要积极思考研究：是孩子的问题，还是自己教育的问题，如果需要家长配合，应与家长单独沟通，说明原因，提出建议，家校一起协作，采取更合理、更有效的教育方法来帮助孩子。教师不应把自己定位为管理者：我说你就得听，我要求的你必须去做。这样，不仅会给孩子带来莫大的伤害，而且也一定会给教师自己带来巨大的挫败感。

　　就班级微信平台而言，还是应该回归设立它的初衷：便捷家校联系，促进家校交流。班级有个别学生没有写作业，也有很多孩子一直认真做作业啊，为何不照上几张孩子优秀作业的照片，发到微信群里，对这些优秀的孩子是一种鼓励，对优秀孩子的家长是一种荣耀，而对那些作业习惯差的孩子也是一种鞭策啊。班级有不听话的孩子，也必然有听话的孩子，他们在班级里的闪光点，可以随拍的形式照下来，教师赋予文字，进行群表扬……一个班级就像一个孩子一样，有闪光点，也有不足，正如李镇西老师所言：我们面对的教育对象，绝不是一块处女地，而是一片已经或正在生长着美好幼苗的肥沃田地。教师的责任，在于发现、扶正学生心灵土壤中的每一株幼苗，让它不断壮大，最后排挤掉缺点的杂草。放大闪光点，让更多好习惯去影响孩子，让那些习惯不好的孩子慢慢地改变。这样的微信群才能发挥其正能量，慢慢发挥出更大的能量。

关于认知

人们很多时候都以为，我们见到的，我们听到的，以及那些约定俗成的东西，都是正确的，都是确凿的。这个还真未必。

举个例子来说。"狡兔三窟"，人们都说这个成语出自战国的故事。但实际情况是在战国时期还没有兔子，哪里来的"狡兔三窟"呢。兔子是汉代通过和西域的交往，才引进的品种。

再比如，我们都认为常说的"纸上谈兵"是一个真实的故事——战国时期赵括因为纸上谈兵而输掉了长平之战。这个故事还选入了人教版课本，大家都深信不疑。但细细想来。战国时期哪有纸啊，纸是到了汉代才发明的。都说这个故事出自《史记》，但是从《史记》上查不到这个成语。甚至在民国之前，史书中都没有这个成语。所以这个成语应该是现代人自己编的。

可见，我们的很多认知不一定是正确的。

再举一个现实生活中的例子，我亲身经历的事情。领导安排两个人一起做一件工作。其中的一个人，干得特别卖力。过程中发现少了一样东西，需要赶紧去买。这个干活特别卖力的就去买那样东西了。这时候，领导来了，发现只有一个人在干活。心中生气：让你干活，你却不知道干什么私活去了。你说这个干活特别卖力的，冤不冤？而这个领导的认知对不对呢？是领导的问题？不是的，这就是领导亲自看到的。这也是在那一段时间所呈现出来的事实。

所以不要迷信我们的认知，以为我们看到的就是真实的，以为我们学习的就是正确的。有些认知是会带来错误的判断的。

所以，想获得一个相对正确的认知，先要清空自己，像一个孩子一样对这个世界充满好奇，充满探寻。

孩子的问题是你制造的

读了 2017 年第 10 期《班主任之友》的文章《孩子的态度是你允许的》，我对文章的观点不敢苟同。

文中讲到：品德老师让那个比较调皮的孩子上课可以不听课只要不讲话不打扰别人就行，而作者认为"老师降低了底线，学生没有了底线，这责任在谁呢"。试想如果教师不降低要求（这不是底线，这只是要求），与这个学生纠缠起来，会有怎样的结果？教育教学要面对的是大多数学生，如果真和这个别学生纠缠起来，一节课也就泡汤了，这样的案例不是很多吗？因为教师和个别调皮的学生大动干戈，其他学生做了一节课的观众。用大多数学生的时间来处理一个学生的问题，而这问题与当堂课的学习又几乎没有关系，这样做合适吗？我也认为没有铁板一块的集体，教室里都是活生生的一个个学生，但是，我们的课堂教学还无法做到一对一教学，只能是面对大多数。所以，我认为品德老师对那个学生降低要求，来求得整个课堂的顺利进行，这样的做法是合理的。而课堂上出现教师被气走，问题则不在于"老师降低了底线，学生没有了底线"。

文中还讲到因为一个学生拿了别人的东西，老师自己买了同样的东西补给失主，而这个学生后来接二连三地"出事"，作者总结说：第一次呵护似的"暖处理"，近似姑息纵容，让学生尝到了甜头，而没有认识到错误的严重性，所以会一犯再犯。作者认为教师这样对学生自尊心的尊重和爱护是一种姑息纵容。我想说的是，难道要把孩子的"好事"公之于众，让他受到最广泛的惩罚，这样才更合理吗？还有，就算教师非常严厉地惩罚了那个学生，那个学生拿别人东西的习惯就能改掉吗？

再者，一个学生考试考了 58 分，作者自作主张给提到 60 分，结果那个学生下次只考了 54 分。而另一个老师，学生考了 58 分，就给孩子得了鲜红的 58 分，结果下次孩子考了 80 分。作者就反思自己太宽容了，自己的爱没有了分寸。但是，我在想，一次考试考58分，你给了60分，与下一次考试考54分，有必然的联系吗？一次考试考58分，与下一次考试考80分，又有必然的联系吗？两次考试很多时候是没有可比性的。而且那位老师打了58分，和孩子下一次考了80分，这期间发生了什么样的故事，你知道吗？我认为，这"58分"对后来"得80分"起作用的可能性很小。如果能起到作用，也应该是这个孩子只是偶然考了58分，实际上他具备考80分的能力。一个孩子从考58分到考80分，最重要的原因是能力提高了，而不是作者强调的态度。还有即使态度很重要，试想已经习惯了不及格分数的学生，面对这58分变成了60分，他会感激老师，或者非常自责而加倍努力吗？

教育的复杂性就在这里，我们不能简单地缺乏逻辑性地就把两件事摆在一起，把它们直接构成因果关系。

教育的复杂性就在这里，应对不同的孩子采取不同的办法，对不同的事件采取不同的策略。

教育的复杂性就在这里，孩子的成长改变从来都不是一蹴而就的，都是需要长时间的引导和付出的。

对于那个拿别人东西的孩子，笔者认为教师的处理是合适的，因为并没有确凿的证据证明孩子拿了别人的东西，由孩子的脸通红和眼睛撞见教师的目光一阵躲闪，并不能直接断定孩子拿了东西。在这种情况下，教师只有采取"暖处理"，最好的方法也是"暖处理"。处理之后，无论是哪种方式处理，学生还会拿别人东西，这种可能性是最大的。孩子的改变都是需要一个过程的。教师不能简单地将学生的问题归结为自己"姑息纵容"，这实际是一种思维懒惰，简单归因的表现。试问，孩子拿了东西之后，教师后期的教育又在哪里？

作者还说：我真的做到了像呵护荷叶上的露珠一样呵护他的自尊。给他多一些的鼓励和关爱吧。那么，所谓的鼓励和关爱就是孩子拿了东西你给还上吗？真正的关爱应是让孩子在教室里获得自尊和认可。从心理学上讲，孩子拿别人东西，正是孩子缺乏自尊，在教室里获不到认可的表现。

对于那个考了58分的孩子，给他打60分也未尝不可，作文赋分本身就是主观的。苏霍姆林斯基就提倡不要轻易给学生打不及格的分数。我倒认为：打58分或者60分都不是关键，关键在于孩子学习的问题出在哪里，教师有没有和孩子分析一下，让孩子认识到问题的所在：是知识点没有掌握，还是仅仅因为粗心或者态度问题。帮孩子找到比较准确的提高点，教师针对孩子的问题，细致地跟进，这才是改变孩子的关键。教师打了58分，学生下一次考试考了80分，就认为教师打的58分起作用了，这样的思维太简单了。

  文章的作者认为：孩子的态度是你允许的。笔者则认为，如果因这样简单地归因，而对学生采取简单的严苛态度，教师将会成为学生问题的制造者。

教师应培养自己深度工作的能力

美国计算机科学家卡尔·纽波特曾经写过一本书叫《深度工作》，其所谓的深度工作，指的是在无干扰的状态下专注工作的能力，是人全神贯注、心无旁骛地进行职业活动的能力。当你全身心地投入你的工作的时候，进入忘我状态的时候，你才会真正感受到职业带给你的幸福。

那么教师为何要培养自己深度工作的能力呢？可能有老师会说，我本来就非常忙了，在学校忙碌到几乎脚不着地，我这不是深度工作吗，我这不就有深度工作的能力吗？

与深度工作相对应的是浮浅工作，浮浅工作是指不需要很多认知就能工作。处于浮浅工作状态就是不断地被小事扰乱心神，工作时间变得越来越支离破碎。

教师难道不是这样一种情形吗？成天忙不完的琐事杂事，看似非常忙乱，看似很努力工作，但卡尔·纽波特直接戳穿了这层虚伪的假象，他指出："知识工作者60%以上的精力用在浮浅工作上，这些浮浅工作不仅降低了你的生产创造的价值，还永久性地破坏了你深度工作的能力。"我认为，很多教师用在浮浅工作的精力会达到80%以上。这也致使教师创造的价值非常有限，所以最终会感觉工作没有意义。

当教师，特别是当班主任，工作一天又一天，很多教师非常地忙乱，但是回想起来，却发现很有意义的工作不多，似乎都被琐碎的事务性工作给淹没了，教师感觉工作没有了意义，也很容易失去职业认同。

真正的深度工作才能创造更多的价值，让教师的工作更加有意义，让教师遇到更好的自己，也就是实现自我成长，并从中获得自我认同和职业认同。

教师工作本来就非常忙乱了，如微信群里不断出现这样那样的工作安排，不同部门的会议一个接着一个，办公室里学生和教师甚至家长来来往往，教室里的学生小事不断还经常来扰乱你……不断地在各种应急性事务中切换自己的注意力，教师该怎样做到深度工作呢？

作者也为我们提供了几种"工作模式"：双峰模式、隐居模式、记者模式和节奏模式。

双峰模式，顾名思义，就是把时间分成两段：一段时间应付浮浅工作，一段时间进行深度工作。例如上午进行深度工作，下午进行浮浅工作；春秋进行深度工作，夏冬进行浮浅工作。这个工作模式比较适合时间比较充裕的人群。而隐居模式，就是和外界切断一切交往和联系，让其他人找不到自己，自己进行深度工作。这个模式不适合我们教师群体。记者模式就是像记者一样前一分钟还在处理浮浅工作，后一分钟就能进入深度工作状态。这是一种高水平的工作能力。

节奏模式，是教师可以借鉴的，对于新手来讲也比较适合。节奏模式要求教师每天固定一个时间做固定一件事情。例如：每天早上早到校固定一个时间读书，每天中午固定一个时间进行教育写作，每天下午固定一个时间进行教育教学的反思，等等。具体步骤为：确定执行深度工作的地点和时长，选择设定好对自己成长最重要的事情，给自己的深度工作设置工作规则和程序。

重复训练深度工作，将它作为每天固定的习惯和准则，从而培养自己的深度工作能力。具备了深度工作能力，最终将提高个体自我价值，能够让个体更加幸福地生活。就像笔者一样，他在极力提倡并实践"不在五点半之后工作"的前提下，在工作非常繁忙的情况下，一年中写完了一本书，完成了9篇高质量的论文，具备极高的生产力，而且还抽出了很多时间陪自己2岁的儿子幸福地度过了这神奇而又不安分的年龄阶段。

只有你改变了，世界才会改变

和朋友聊天，她告诉我，她近来非常的平静与从容，感觉自己的孩子也非常好，自己的学生也非常懂事。

很羡慕这种状态。

好的状态就像加油站，会让生活进入一种良性的循环之中。自己的状态好，看到孩子好，这样孩子会表现得更好，而你的心情也会更好。

想到了罗兰的那句话了：真正的财富是健康的身体、平静的生活和海阔天空的心情。好的状态让你拥有的就是——海阔天空的心情。

哈哈，想想都开心，多希望自己能拥有一份海阔天空的心情。

同理，一旦处于一种焦虑或者易怒的状态，就像是进入了事故的多发区，感觉孩子这不好那不好，孩子接受到你的焦虑，反而更加无所适从，更易出现这样那样的问题，而这又导致你的心情更加焦躁不安……

前一段时间，我就是出于一种焦虑的状态，感觉班级的孩子都是那么不可理喻，调皮极了，顽劣极了，不可爱，太可恨。

烦，烦，最近比较烦，比较烦，我烦，我烦……

好在，在阅读的拯救下，自我的反思唤醒下，我的境况逐渐有所改观。同样的学生，同样的事情，因为心境和状态的不同，会有截然不同的感受。自己改变了世界就改变了。世界都不仅仅是你肉眼所看到的真实世界，而是你心灵折射后的世界。

上次考试，孩子们考得不好。我的话语有些抱怨，同事相劝：孩子们基础差，不是一天半天能赶上来的。心中自然也怨自己倒霉，遇到这样一群不争气的学生。

后来，静心反思，除了自己没有领着学生认真复习，导致学生成绩不佳的原因之外，我突然意识到一个更大的根源：是我错了，我从开始就错了。

我接手这个班，大家都一直评论这个班是一个差班。我已经接受这个事实了。

而我对自己的评价是什么？我是一个优秀的教师，我是拯救学生来的。

这才是最大问题，这才是问题的根源。

我的问题是什么？

显然，面对这群孩子我少了应该的谦卑，及对生命的欣赏和敬畏。当我以自己是"拯救者"的姿态出现的时候，学生在我眼中就都是问题，都是不足了，不然，学生怎么需要我的"拯救"呢？我已经是高高在上的姿态了。

当我已经固化地认为这群孩子是笨孩子，这群孩子学习就是不行的时候，实际上我实施任何教育都已加上了我内在的认知。

你们不行！你们不行还不知道努力！笨！笨死了！

虽然，这些话没有直接说出来，但是，我的每一个语气，每一个眼神，每一个细胞都告诉学生我的认知了。

我是厉害的老师，我拯救你们来了，你们必须听我的。

虽然，这些话我也没有直接说。但我在很多场合，很多语境里都传递给学生了。

即使我表扬某个学生，都不是发自内心的那种赞美。孩子们早已经觉察到了。我早已失去了通向他们心灵的钥匙，他们自然也会关上自己的心门，我的教育，我的语言和行为，已很难真正对他们发挥作用。

于是，我进入了恶性循环，这么没用啊，这么笨啊，我气急败坏地对待这些"不争气"的孩子。

改变须从改变自己开始。

要想改变这群孩子，要从相信他们开始。我要改变原先那个高高在上的姿态，把自己放低，把要求放低，相信孩子们通过自己的努力会遇到更好的自己。

我要让自己满心喜欢。这不是表面上的，而是发自内心的，一种对生命无限相信的喜欢。实际上做到这一点很难。但这才是开启生命的钥匙！

我告诉孩子们：我喜欢大家，大家喜欢我，我们一起乐观向上！我知道还有很长的一段路要走，我知道我还需要修行，但是我希望并相信我的改变将带来孩子们的改变！我和孩子们一起在成长的路上。

你欠世界一个言说

在河北蔚县参加活动，参加活动的教师大多来自偏远地区甚至山区。据当时的举办方说，这里面很多教师很少有机会参加培训，过去是因为没有钱，现在是政府出钱，但教师却没有时间。正常上班时间，每一个教师担负的教育教学任务都比较重，出来学习班里的学生就无人管理无人上课，这一矛盾一直很难解决。那次活动也是抽了周末时间，好不容易组织起来的，因为周一还有活动，有几个小学校要停一天的课。

实际上，在很多发达地区组织学习培训也存在这样的问题，很多教师参加学习培训的机会也比较少。一个人没有学习的机会并且自己不去寻找机会学习，那么成长就很容易停滞。

那次活动最后有个故事分享环节，由我主持。比较尴尬的是，几乎没有教师想上台展示分享。我就凭直觉，叫了几个教师上台来展示自己的教育故事。没想到上台来的几位教师展示得都非常好，故事都非常感人。

事后，举办方的一位领导讲：宋老师，火眼金睛啊。

我有火眼金睛吗？当然没有。只是凭借几年当老师的直觉，能微弱地感受到某位教师是否热爱自己的工作。而一个热爱自己的工作的教师，一定会有自己的教育故事。

当时在现场有和一位教师的对话，我问老师们：大家知道我为何叫这位老师上台来吗？我自问自答：因为这位老师——漂亮！现场一片欢乐。

当这位教师动情地讲完自己的教育故事后，现场教师报以热烈的掌声。这也是对这位刚刚入职不久的年轻教师的极大鼓励。我接着说：刚才，我说让这位老师上台来是因为这位老师漂亮，不是的，是因为这位老师不仅漂亮，更因为她的善良。从她眼睛中，我读出一位教师所具有的善良的禀性，当然，也读出一位优秀教师的潜质。这位老师不出五年，一定会成为我们县一位非常优秀的教师，如果成不了，大家找我。

会场上又响起一片掌声。

我不是在说大话。五年足以让一位努力的新教师成长为一位优秀的教师，当然，它也可以让一个充满教育情怀的教师，沦落为一个只为迎合领导、迎合考试的混日子者。

而且，这位老师具备成为一个优秀教师的潜质，她有热情、她有情怀，最最重要的是她还有故事。

她讲到：她的学生毕业了，学生去看她，顺便给她带了些吃剩下的肉骨头。为何给老师带吃完了的骨头呢？

老师养着一只小狗，学生过去常找老师玩，也和老师的小狗混熟了。想到老师的时候，也想到了老师的小狗。每次家里吃肉的时候，总想着留着……

多么温暖的小故事啊——温暖的肉骨头。

每个教师都面对着教室里形形色色的孩子。真正是形形色色啊，哪个教室里没有几个特别孩子，哪个教室没有几个让教师既爱又恨、既恼又喜的孩子。教室就是"事故场"，每天都发生这样那样的"事故"，而这些都可能成为一个个故事，而且一定是鲜活的，充满生命的朝气和可爱的故事，哪怕是一个让你愤慨、伤心的事故。

记得莫言在他获诺贝尔奖时的发言——《我是一个讲故事的人》中说：

我生怕他被打垮，但他微笑着从花朵和石块中钻出来，擦干净身上的脏水，坦然地站在一边，对着众人说：对一个作家来说，最好的说话方式是写作。我该说的话都写进了我的作品里。用嘴说出的话随风而散，用笔写出的话永不磨灭。

我想，教师每天面对着活灵活现的孩子们，他们用着用不完的精力在"折磨"着你，你能否被打垮，你能否从琐碎中钻出来，擦掉自己的怒气，静然地站在一边，对孩子们的行为报以宽容、理解、感同身受，甚至能以一个师者的身份进行诊治和帮助……而你最好的行走方式是记录。对于一个教师来讲，最好的说话方式也是写作。用嘴说出来的话随风而散，用笔写出来的话永不磨灭。每一个教室每天都在上演着这样那样的故事，每个教师每天都在经历着这样那样的故事。而这些故事如果只是当时讲一讲，很快就会随风而散，而用笔记录下来却可以长久保存。

有了故事，有了记录，你离成长还远吗？你离成为一名优秀的教师还远吗？忘记是哪位名家说过：一位教师最好的教育研究就是写下，不断地写下一个个教育故事。我深以为然。

每一位教师都是有故事的教师，但是，很多教师忘记把故事记录下来，他们让故事随风而散了，他们欠世界一个言说。

看惯了不是成熟，是堕落

好久没有码字了，有一周了吧。天哪！一周没写一个字了。感觉自己好像罪人一枚，上对不起天，下对不起地，更对不起渐渐老去的自己。

不过，还好，从上周末开始，我迷恋上了一个超级技法——超级记忆力。天生愚钝的我，对记忆力好的人有种本能的膜拜，一直瞻仰着他们的超级大脑，羡慕嫉妒恨啊。造物主在造人的时候一定是偷工减料了，有人头上塞的是脑子，有的塞的是——糨糊！

迷恋，实际上我很喜欢这种感觉。能有一件让自己迷恋的事情，让自己忘情地投入，是挺好玩的事情，有种初恋的感觉吧！

好久没有这种感觉了。

经常听人说：早就看透了。于是乎，躲进小楼成一统，管它东南西北风。不关自己的事情，高高挂起，置之不理。

一个人把什么都看透了，这不是成熟，这很可能是逃避，是堕落。

我喜欢看李镇西老师的文章。李镇西老师在教育界是响当当的人物了，这应该是大多数老师的共识。很多老师都是在李老师的文章的引领下开始投身教育而沉醉不知归路的。

李老师已经退休好久了，他出版的著作摞起来比他本人还高。这样的教育达人，本也该"成熟"了。但是，他却总是"惹事"。

举个小例子，曾经网上有一张照片：一个学生给老师打伞。本也平常小事，有好事的小编拿此说事，说"现在老师太牛了""你有什么了不起，你以为你是国家领导啊"。而且这个老师要被"人肉"出来，要对其进行讨伐加惩罚。据说真给"人肉"出来了，并且那些怕事的领导还对这位老师进行了批评教育。

本来这件事和李老师没有半毛钱的关系，李老师还是站出来讲话。他自爆自己如何"虐待"学生，希望被人肉，为那位无辜受害的老师说理。

李老师可以"成熟",可以事不关己高高挂起。也有人劝他,现在是公众名人,不要这样"乱"讲话,要注意公众形象。已经功成名就了,何必还出来蹚这一浑水呢?

李老师说:不!如果如此,就不是我李镇西了。

李老师没有在功劳簿和名利场上堕落,他还保持着自己对教育的那份激情和初心。

而这份激情和初心,正是这些卓越教师们即使自己功成名就还孜孜以求的动力,也是他们能够以天下事为己事的那份担当。

这样的人有,但是并不多,我所知道的教师行列中除了李镇西老师,还有王开东老师、王君老师等,视野有限,估摸有10人左右。

他们都是教育界的大咖,但是,依旧以激情为状态、以担当为己任,自己成长,也引领更多教师的成长。刚刚看到王开东老师的一篇文章《长期熬夜,让多少孩子挣扎在猝死的边缘?》,他站出来指责"罪恶"的学校教育,为饱受折磨的孩子们说话。"只为百姓说人话,不为权贵唱赞歌,但书人间善与恶,哪管淹没与流传",这是有良心的知识分子的一种情怀和担当。

回顾庸常的生活,是的,很多人会说,我小人物一枚,在单位都没有几个人把我看上眼,我有什么资格站出来说话,我有什么奢望讲什么情怀。

资格不是别人给的,是自己争取的。

有了情怀,有了激情,有了行动,你就会有资格,别人才会高看你几眼。当然,情怀和行动,不是为了别人高看你,而是为了自尊、自信和自我,为了遇见更好的自我。

如果没有这份激情,你什么都看惯了,庸常的生活就会铺天盖地而来,让你堕落,堕落。堕落到自己都看不清自己,自己都看不起自己。

前段时间,不,是好长的一段时间,我感觉自己也是这种被堕落的感觉。看到什么,听到什么,都提不起激情来。

没有自己热爱的事情,或者自己本来热爱的事情,三分钟热度之后也没有了热情。应付生活中的琐碎小事,每天为那些不重要而紧急的事情忙碌，甚至焦虑。我告诉自己，不要迷失自我，但是，很多时候，还是很容易迷失自己。"我心本来向明月，奈何明月照沟渠。"沟渠，是生活的常态，面对蝇营狗苟的沟渠，你心如何总是向着明月呢？

"不在沉睡中爆发，就在沉睡中灭亡"，沉睡的状态中，能爆发的有几个呢？大多数，大多数都呜呼哀哉了。

有人讲人生有三境界。第一境界：看山是山，看水是水；第二境界：看山不是山，看水不是水；第三境界：看山是山，看水是水。你以为已经达到了第三境界，很可能，你还嫩了点，你没有经历人生的风风雨雨，没有经历人生的自我否定与追问，你以为自己达到这个境界，可能只是你的虚幻，只是你自我虚构的自我评价罢了，因为你的内心并不平静，并不安宁。

生命就似一片叶子，绿了，黄了，荣了，枯了，如何让自己的生命黄了又绿，枯了又荣，是一种能力，更是一种勇气。

感觉什么都没有兴趣了，什么都没有价值了，什么都看惯了。这，不是成熟了，更不是成长了，而是你堕落了。

在级部会上的发言

老师们好！

时间过得真快，好像刚刚放假，新的一个学期就开始了。真可谓时光如梭。到了我这个年龄，面对易逝的岁月，总是怅然若失。

上个学期，我们级部的各项工作都取得了长足的进步，学生习惯养成不错，我们的教学成绩也可以，最重要的是学生都比较安全，都比较懂事。这些都是我们辛勤付出的结果，都是我们的成功。下一个学期，我相信也一定会是继往开来的一个学期。周一早晨我在咱们级部巡察的时候，看到学生进入教室，孩子的脸上有几分成熟又有几分懵懂，他们脸上洋溢着喜悦，我的心中竟有一种说不出的喜悦和幸福……开学前的焦虑悄然而失。

这个学期我们增加了新鲜的血液，来了三位新老师。掌声欢迎他们加入我们的队伍。我们对班主任也进行了小小的调整。原班主任和新班主任已经都对接好了，我相信大家齐心协力、互帮互助，班级工作会更加出色。

这个学期比较短，学校层面和级部层面的活动安排不是很多。咱们继续以常规落实和学生习惯养成为主要工作。但是，我同时希望每一位班主任都能给自己班级制订一系列工作计划，进行一些有意义的探索。不满足于仅仅完成学校和级部的工作，才能让自己有更快更高的成长。

学期初，我先提几条工作建议。

1. **习惯养成要训练**

我们讲习得习惯，这个"习"更多的是指练习。"习"是"羽毛"的"羽"的一半，古体字的"习"是羽毛的"羽"子加"白"字，取义就是小鸟展开翅膀露出白色的新鲜的羽毛练习飞翔。鸟想飞翔是靠练习的，不是靠母鸟强调：你好好飞，你努力飞，你飞高了给你买汉堡包吃。不是这样的，只有练习，才能习得，才能养成习惯。所以，学生的习惯养成，教师不仅要强调，更要注重练习，学生听到和做到的距离还很远，你的要求和学生做到的距离更远。那可能是世界上最遥远的距离了。

好教师应该是一个好教练。一万小时法则也是在强调反复练习的重要性。以读书习惯的养成为例，就要每天读书，通过一次次的练习养成这个习惯。再例如，学生进入教室就安静的习惯。我今天早晨就看到有好几个班的学生开学第一天一进入教室就井然有序，这就是孩子们养成了好的习惯。

这是第一条建议：习惯养成很重要，只是强调无疗效。注重训练多指导，效果保证呱呱叫。

2. 班级管理认真而不严格，严格而不严苛

这句话好像有点矛盾。

开学初要严格管理，严格要求。学生形成一定的习惯之后，你以后的工作就轻松多了，麻烦少了。当然，我们工作不是为了减少麻烦，但是，无疑能够让你有成绩感，有幸福感。我们的工作就是为了获得成就感和幸福感。以午饭后学生乱跑乱闹为例，从另一个角度讲，应该有这样一段时间，让孩子们自由一点释放天性，无所顾忌地嬉戏。但是，从安全的角度讲，这又是不允许的。这是教育的悖论，也是成长的悖论吧。开学第一周，班主任应该早到位管理或者安排班长进行管理，让学生早安静下来。几次之后，形成这样的习惯，乱跑乱闹的现象就会减少。试想，你进入教室时，教室里已经很安静，学生已经开始凝神阅读了，你多有成就感啊。教育的幸福感油然而生了。

强调严格，但不要严苛。为何不能严苛呢？我们一定要时刻谨记，我们面对的是孩子，他们是活人，不可能都会达到你的高要求。一旦你的严格要求过于苛刻，就会把师生关系闹得紧张，你的心情会很糟糕。我们说班级管理是一门艺术，艺术就在这里，总有那么一个度。有的教师对学生很好，学生也非常听话，这就是艺术。他的管理可能就是认真而不严苛了。

这是第二点建议：班级管理有妙招，开学管理要严格，先严后松轻松

多。学生毕竟年龄小，宽容关爱少不了，严慈相济多妙招，班级向上乐淘淘。

3. 做事细致、认真、不拖拉

这句话是和大家共勉，我有时候也做得不好。

咱们级部的理念是：让别人因为我的存在而感到幸福。退一步讲，就是不给别人找麻烦。以好人推荐为例，学校要求推荐两条，有的老师也推荐了两条，但是上传的时候，两条放到一起上交了。好几次我都是先下载下来，分割之后又上传了。这就是给别人找麻烦了。也可能这几位老师不知道，或者忽视了。当然，这就另当别论了。

假期看到一句话：你的作品和你的产品是你和世界交流的唯一方式。很有道理。世界是如何认识你的，通过你的作品。你交出的作品就是你的水平和你的品格。

还有不拖拉。很久以前看到一个公众号的文章，依然记忆犹新。文章的标题是十几年的成功经验总结，正文内容是：认为正确的事情赶紧去做。

只有这十一个字。但是，非常有道理。做事不拖拉，因为拖拉，把很多应该做成的事情给耽误了。

建议三：做事细致又认真，工作一定出奇效。做事不要很拖拉，耽误时间误年华。正确事情赶紧做，工作高效又卓越。

下面再讲一讲几个具体的工作。（略）

新学期，新期望，也希望我们五年级一家人，能够快快乐乐，过幸福的教育生活。

经由写作

此时，我正坐在去往北京的列车上，思绪纷飞。

有时，我在想为何有那么多人喜欢旅行，或许是因为，前方是一个个未知数，会遇到一处处独到的风景，遇到一些人，发生一个个未曾遭遇过的故事，会有许许多多未知的精彩。

如果太多明天将发生的事，你早都预知，或总是在重复今天的故事，那将是多么无聊，简直无聊死了！尼采说：每一个生命不曾起舞的日子，都是对生命的一种辜负。而那些未知的精彩都可能是一次心灵的飞扬，一次思想的洗礼，一次生命的狂欢。

旅行如此，读书亦如此。读书是到一个未知的人生故事里旅行。

所以，古人总是说：读万卷书，行万里路。

但我还是喜欢加上一句：读万卷书，行万里路，写万言文。

一篇文章定终身，重视写作的古人，为何只说读书，只说行路，不把"写万言文"加上呢？

"文"在古代是立在圣坛上的。古人讲"三不朽"：立德、立功、立言，把"立言"放到了最高层次。凡夫俗子是不敢恭维的，基本的德行都不具备，怎敢有"立言"之心？这算是阶级固化的一种方式吧。"立言"只是极少数墨客骚人能为之的。

当时代发展到今天，"学"已经成为最平民化的一种行为，"立言"也走下神坛。

当然，文化发展到今天，对于写作的认识，人们早已经超越了"立言"，超越了"为往圣继绝学，为万世开太平"阶段了，超越了文为国、文为家阶段了。

那么写作为何？

潘新和教授提出了"言语生命理论"。言语是生命的确认。如何理解？

或者说我们经由写作将抵达何方呢？

我在《中国教师报》上曾经发表过一篇《写下的这些文字值得吗》的文章。我写下了那些无关痛痒的文章，追问自己：值得吗？我写下了这样的话：时间会如流水一样，"哗啦"一下消失得音讯全无，而这些文字就是你在岁月行走中留下的淡淡痕迹！无论时光怎样走远，你都能够让往事在文字中永在，让生命在词语中重现——就像一树已经开败的花，因为浇灌，因为滋润，又在枝头重现，重新开放在岁月的风雨中。

值得吗？

我曾经有段时间想把这些文字整理成书稿。哇，当掀开这些一层层蒙有时光灰尘的文件夹，一个个朴素真挚的画面又重临于我的眼前了。文字是最好的生命保鲜膜，能让岁月最长久地留存、保鲜。两三年前的日子、故事又花枝招展地走来了，走来了。

我又一次看到了给孩子每人一粒花生米，学生舍不得吃，闻了又闻，舔了又舔的憨态。

我又一次品到那次美食节中茄子炒洋葱的齁咸。

我又一次看到了学生翻墙出校门时，我的无助与可怜……

契诃夫说：写作是唯一让我们打败岁月流逝的办法。

难道我们写作是为了打败岁月？打败岁月又为何？

所有学问都终将指向人学，都终指向自己的生命。写文为己。

写作是在自己的生命中旅行，去寻找那个更真、更好的我。

而教育的特殊性是通过丰盈学生的生命来丰盈教师自己的生命的。而生命的丰盈来自于细节，来自一个个有生命的故事。教育的精彩是细节的精彩，这些精彩构成了学校生活的所有美丽和教育生命的所有魅力。

所以有人讲，一所学校可以什么都没有，但是不能没有书籍；一个教师可以什么都没有，但是不能没有故事。故事是教育生活的留痕，故事是一个教师生命行走的确认。

教育故事是教师教育生活的见证，是教师生命葱郁的见证，她或安静，或沉稳，或沉郁严肃，或小巧活跃，只要是真实的行走，是真实的经历，是真心的言说，那都是教师生命行走的痕迹。

经由文字，我们走向自己，或许她还不是很明晰，或许她还不是很多，但，终究我们在路上了，我们应该相信：文字会让我们的双眼因此而渐渐明亮，内心因此而渐渐宽阔，走向心更真、更好的自己。

任何一个教育者在其教育生涯中，都会犯这样或那样的错误。区别不在于教育者是否犯错误，而在于他如何对待已经犯了的错误。善于通过反思把教育失误变成教育财富，这是任何一个教育者走向成功的关键因素之一。

——李镇西

谈"体罚"

　　这几天非常难受，嗓子干痒，狂咳不止。我咳得心烦意乱，感觉要把身体都要咳垮了。病来如山倒啊！难受！

　　中午在教室，由于下午班级要举行庆元旦联欢会，需要用电脑，但是电脑的一条电源线坏了，我就赶紧找管微机的老师要了一条，正赶着安装上，学生过来告状："超和诺打了三年级六班的女生，人家找来了，让您去三年级六班找他们的老师。"顿时，我火冒三丈，把他们俩叫了过来，高声训斥。尽管我的嗓子很难受，但是火压不住，还是大喊。但更气人的是，李世诺不屑一顾地说："超让我打的，我就踢了她。"看着他那样子，我更上火了："超叫你干啥你就干啥啊，你是狗啊，要你咬人你就咬人啊！"

　　在说这话的时候，心中有些懊悔，感觉这样损学生自尊的话不应该出口，尽管如此想，但还是压不住火，说了出来。

　　超在一边支支吾吾地说自己没有让诺打人。我也训他："也不嫌丢人，将近两百斤体重的人去欺负一个三年级的小女孩！"我对他们喊："到后面站着，下午的联欢会别参加了。"

　　我的话竟如此犀利伤人。这样的话应该出自一个很刻薄的人，而我是吗？我曾在很多场合说，对孩子要宽容，要有花苞心态。但是，我却说出这样的话来。

四年级的孩子对批评忘得很快，不到十分钟，他们俩就站在后面嘻嘻笑了，看到我，他们立刻站好保持严肃。我就没再罚他们站着，让他们回到自己座位上去享受自己带来的吃的了。我从他们身旁经过，他们还拿出好吃的给我。

　　在我记忆中，我从未用这样侮辱性的语言对待过学生，很多时候我仅是大声训斥，但从未侮辱过他们。但是今天我却气急败坏地侮辱了学生。看到学生早就忘了这些，我心中稍作安慰（至少他们表面上看上去是如此），但还是很自责，真不敢去面对那两个孩子的眼神。

　　也许他们早就被训斥很多次了（我接手这个班不到一个学期），早就习惯了这种风吹雨打，不然，我训斥诺的时候他不会是不屑一顾的。但这种习惯，更应让我们感到悲哀啊，虽然不是源于我，但他们是我的学生，竟如此麻木，经常性地训斥让他们淡化了脸面和尊严。

　　若再回到事情的开头，我听到告状之后，我训斥诺，他如果不是无所谓、不屑一顾的样子，而是低头认错，哪怕是装给我看的，我也不会如此生气，也不会说出那些难听的话，我甚至敢保证我不会说，因为我不算是很鲁莽的人。

　　但是，我却骂出来了，成为伤害孩子自尊的助虐者。

　　我一直在不断地为自己开脱，说自己生病，说学生态度不好，但这些，都不应该成为体罚学生的理由！

　　学生的行为，正是缺少自尊心的表现，这也正说明学生是一个受害者，非常需要教师用教育机智来为其树立自尊。我当时正在看李镇西老师的《爱心与教育》，我不禁问自己：爱心何在？教育何在？

　　"体罚"这种方式最犀利，最直接了当，最解心头之恨，但也是最危险，最容易让学生受到伤害。反思自己，有时候，我在自觉或不自觉地体罚学生，我却没注意。之前我看到别班教师让学生站在走廊写作业，可能那几个学生不听话或者没有完成作业。我便对班上学生说：看到没有，不听话，我也让你们出去写作业。这种"心灵恐吓"也是一种变相的体罚。我知道孩子们很喜欢元旦联欢，喜欢在一起随便地玩乐吃喝。因此元旦之前，我经常对他们说：学习不认真，咱们的活动就取消了。学生在教师的威逼利诱下，只好老老实实。但这也是违背教育规律的，不利于学生的成长。

"好言一句三冬暖，坏语一句三伏寒"，优秀的教师应是善于用语言去打动心灵，感动心灵的人。用这种犀利的语言去攻击学生正说明你没有方法，你不是一位拥有教育艺术的教师！

还有不到一个小时就是 2015 年了。本来今天应该送给孩子们元旦祝福，送给孩子们快乐和吉祥，但我却做了这样的事情，我该向他们道歉，我也希望并祝愿我的学生们在新的一年快快乐乐成长。

教育是对人性的充盈与放飞

——《教育人学》

每个人都是环境

"每个人都是环境",很喜欢这句话,很久之前就想就这个话题写一写,今天看到的一幕,更是激起我的冲动。

参加了在五莲举行的活动之后,我准备从莒县转车回家,在莒县车站看到这么一幕:一个衣衫褴褛的老者在车站中走来走去。说衣衫褴褛,真就如大家在电视剧中看到的那样,上衣昏黄,上面布满泥渍,不知道是因为天热还是衣服上本来就没有扣子,老者敞着怀,下身是一条青色的长裤,也是脏得让人无法直视,手上提着一个很脏的尼龙袋子。随着人们生活水平的提高,这样的人在现实生活中已经很少看到了。老人家在候车厅里走来走去,大家都避而远之,还有人更是一脸嫌弃。

我在老者不远处坐着等车,看老者从一个女售票窗口走过,女售票员很真诚地向他搭话:大爷,您去哪儿?大爷说话很模糊,我没有听清,他又让女售票员看了他的车票。但是,从售票员的回话中我明白:大爷早晨已经来车站了,不知道什么原因没有坐上车,而且,早饭都没有吃。女售票员就告诉他:上午的车已经发走了,上午已经没有车了,要到下午一点多才发车。她让大爷在候车厅先等着,等来车的时候,再提醒大爷去坐车。

我想,能做到这些,这位女售票员已经很高尚了,就应该得到人们的赞扬了。

过了一小会儿,女售票员又对老者建议:希望他先转车到另一个地方,那个地方到老者要去的地方车辆更多,很方便。她问老者是否同意,老者点头答应了。

于是，女售票员叫来去转车地方的司机，请他帮老者办理退票换票手续。同时，女售票员把自己负责的窗口锁上，出去了。事件到这似乎就结束了。

可不一会，女售票员就回来了，手里提着方便袋，袋子里有瓶水和一块面包。她把水和面包递给老大爷，老大爷有些迟疑，但最后还是接了……

在这么一个小小的车站，能看到这样温馨的一幕，让我感动，也感染着我。我顺手拍下了这一幕。

同时我想到了另一个故事：一次在航班上，看到空姐对着老外一直在笑，我心想：真是崇洋媚外！但是，看到老外如春阳般的笑脸的时候，我突然意识到，自己总是板着脸，如何希望别人对自己笑脸相迎啊？

不少人总抱怨我们国人的素质多么低，多么不文明，可是很少有人能自觉审视自己的行为：你素质高吗？你文明吗？你能像女售票员一样去做一件件自认为是自己的职责而又文明甚至高尚的事情吗？

每个人都是环境，把自己变好了，就会影响四周的环境，不要仅仅抱怨环境不好，等着环境好了再来影响你。先从改变自己开始，你自己改变了，世界也就改变了。

后来我坐公共汽车出发，半路上来了一位老者，车上已经没有座位了。我在车厢的后半部分，在车厢的前面有学生，有年轻人，但是没有人站起来为老者让座。我站起来给老者让了位子，老者满口"谢谢"。

我讲最后这个故事，不是标榜自己，而是告诉自己：每一个人都是环境。

学校领导人只有不断完善自己既作为教师又作为教育者的技艺，才能充当教师和学生的优秀而有威信的指导者。一个好校长，首先应当是一个好组织者、好教育者和好教师。

——苏霍姆林斯基

我们的校长

我写这篇文章，不是想奉承校长，我是发自内心的，是出于对我们校长的一种敬佩，对他所具有的教育情怀由衷地敬佩。

我们的校长一两年内就要内退，但是，他依旧忙于听课，忙于评课。虽然没有做过调查，但我可以断定，我们校长是学校里听课最多的。不少同事都这么说：咱校长太有干劲了，快退休了还这么能干。但我们很少思考：校长这样能干，是源于什么？

我以为，是源于一种对教育赤诚的情怀，对全校学生的负责。当然，长久以来，我和校长接触不多，对他的认识也只是停留在我们的校长很能干这个层面上。

记得那天周三全校例会上，我们的校长这么说：我已经面临着退休，但我还来听课评课。为何？是想对得起全校两千多个孩子啊。校长的声音有些颤抖，我不知道他的眼睛是否湿润，但是从这句简单而朴实的话语中，我读到了什么叫责任，什么叫教育情怀。我不自觉地轻轻鼓掌，眼角竟有些湿润了。

我想，现实生活中不缺少能干的校长，不缺少有本事的校长，因为能干和有本事可能只是追求个人的政绩而已。社会缺少的是把教育当事业干的校长，缺少把孩子的未来放在心上的校长，缺少为孩子一生奠基的校长。而我们的校长就是这样一位把孩子的未来放在心上，把对孩子一生负责的情怀放在心上的校长。

是啊，一个人的伟大是源于责任和情怀。我此时感受到的我们校长的伟大就是源于他对孩子的那份责任心和对教育的那份情怀。我竟禁不住想到了：鞠躬尽瘁，死而后已。或许，只有用这样的词来形容校长才能表达我此时的心情，才能代表我对校长由衷的敬佩。

我也听说过这样的例子，一位校长快退了，学校什么事都不管了。这位校长一直对其学校的所在位置不满意，早就想调走，早就想不干了。或许，这个校长从上任就没有想过认真当校长，没有做过校长应该干的事，还谈什么责任，还谈什么情怀，可能校长对他来说只是一个职位而已。

有人会问：你们校长听课还评课，他懂吗？我告诉你，他不仅懂，并且很是内行。记得一次周三校长讲话的主题是：把教学回归到原点。这个思想是具有建设性的。他没有讲大的理论，而是结合具体的教学案例来讲解，让我这个生性有些愚鲁的人竟有些豁然开朗之感。

苏霍姆林斯基曾说：校长的领导首先是教育思想的领导。我想这些就正是我们的校长对我们教育思想的引领吧。

或许有人还会问，校长为何能做到这一点，能做到高屋建瓴呢？这源于校长非常热爱读书。有很多人都读书，但是，谈到"热爱"，还少有人能胜任这个词。我不敢断言，校长是我们学校读书最多的，但是，我可以肯定地说校长是热爱读书的，是最能做到学以致用的。为了引领老师们读书，学校要求每天早晨在学校书吧，老师都必须去读书，而校长经常是第一个去读，而最后一个离开书吧的。正是他的以身作则，也带动起整个学校的读书风气。

有人这么说：没有教师的专业成长，就不会有学生的成长。没有教师的忘情于写作，就很难培养出热爱写作的孩子来。没有教师的忘情于读书，也很难培养出热爱读书的孩子。同样可以这样类比，如果没有一个热爱读书的校长，一所学校就很难成为一所真正的书香校园，也很难有更多的书香教师，也很难让更多的学生养成热爱读书的好习惯。

校长正是通过以身作则，成为了我们读书的榜样，引领着我们，引领着学生，一起读书，让师生养成一生受用的阅读习惯。

我是平民百姓一个，接触的人不多，接触的校长更是少之又少，我所知道的把教育当事业的校长也只有两位，我们的校长和李镇西校长。

用新教育的话说：我们的校长是一位执著坚守的理想主义者，他是为了理想而活着的纯粹的人，他把自己的青春和智慧奉献给了学校，奉献给了孩子们。

或许，有一天，我们的校长真的退休了，人们会静静地将他忘记。但是，我相信学校的每一寸土地，学校的一花一木，学校曾经成长过的孩子们，会铭记着，会镌刻着我们校长的那份赤子般的教育情怀。

> 教育本身就是最具有创造性的精神活动，因而教育者充满理想主义激情的人文情怀和独具个性的思想之光，理所当然地应该贯穿于教育的每个环节和整个过程。
>
> ——李镇西

风风火火之后的冷思考

这个学期学校的班级活动可谓如火如荼，你方唱罢我登场，风风火火。在报告厅或是快乐课堂举办的许多活动，我都喜欢去看一看，去学习一下，也去感受一下那份快乐。

掐指一算，还有两周多点就考试了，复习还刚刚起步呢，本来这个学期比较长，我不禁问：时间去哪儿了？我突然意识到，很多时间都被活动花掉了。很多活动，是要耗费大量的时间的，特别是低年级，为了排练一个活动，甚至一周的课都用来排练，这个真的有。高年级稍微好点，但也是好多课都被占用来排练活动。

突然间，过去曾萦绕于心间的一个想法又萌发出来：学校教育教学应如过日子一般，平平淡淡才是真。

日子过得太平淡了，会让人们感到没有激情。为了给日子制造点浪漫气息和情调，怎么办？我们可以出去美餐一顿，我们可以来野炊，我们可以"KTV"一下。但是，不能够，三天两头地出去唱歌，出去大餐，那不是过日子，也很不利于身体健康。班级活动犹如让班级有些情调和浪漫气息的聚餐和"KTV"，并不是多多益善。孩子们的基础知识还要落实，孩子们的习惯还要养成，孩子们的思想还需引领，教室中的角角落落的卫生还要做好，这些看似平平淡淡细微处才是孩子们成长所必要的营养，经常性的大餐，经常的"KTV"反倒会让孩子们营养不良。

谈到风风火火，我想到了跟风和追风。教师应该能称为知识分子，而知识分子所具有的一个很重要的特质，便是思考。思考意味着不跟风、不追风，结合实际，有自己的定位与想法，以及做法。当班级活动被风风火火地点燃之后，不能不说是件好事，但，它有它的负面作用。我记得李镇西老师的博客中曾有这么一篇文章：武侯中学谢绝参观。他希望教师能安安静静地搞教学做研究，学生安安静静地学习。我很欣赏李老师的境界与高度。但是不可否认，很多学校也是需要参观和学习或者被参观与学习的。被学习也是一种自我反思和提高。学习更是。

当一种风流行起来的时候，我们最需要的是冷思考，我们不是拖后腿，我们不是找托词，我们是找定位。当我们定位好了再行动，可能有些迟到，但不至于风过之后，什么也没有留下，更可怕的是给孩子们的心中留下过多的荒芜。

浪漫需要，情调需要，平淡与安静也需要。

早晨一入教室静悄悄，孩子们捧着一本喜欢的书静静地读着，甚至很陶醉的样子，虽然没有PPT，虽然没有背景音乐，但我感觉他们也是舞者，是心灵舞者，在我的眼中他们舞蹈的样子真美。

教室的卫生角干干净净，笤帚每天都摆得整整齐齐，这里虽然没有鲜花与掌声，但我同样感受到整洁所散发出的正能量。

……

> 唯宽可以容人，唯厚可以载物。
>
> ——明·薛宣

校长眼中应该有那"沉默的大多数"

外出学习，听到有位校长这样的报告：我们学校20％的教师做了80％的工作。他美其名曰"二八定律"。我很震惊：校长怎么能讲出这样的话呢？有根据否？20％的教师干了80％的活，那么，其余80％的教师干什么去了？他们听了这样话，他们会怎样想？

我想在一所学校中，应有80％以上的教师都认为，自己作为教师会尽心尽力地去干好工作，但当教师听到校长这样说话，他们还会尽心尽力地工作吗？还有，那20％的人真干了80％的工作吗？我认为，不大可能。

看看四周的听报告者，大都一脸茫然，或者根本就没有听报告内容，他们玩自己的手机，可能对于这些不接地气的校长的话早已经麻木了吧。

我是教师，朋友圈里当老师的自然多。很多时候，我会听到这样的谈话：某某成了校长身边的红人了。有的时候，说者是一种很羡慕的表情，但大多数情况下是一种很不屑的表情。能成为校长身边的红人，一般有两种可能。一种是自己教育教学工作很卖力，得到校长的赏识，另一种是，靠自己的嘴舌或者其他手段，而成为"红人"，在生活中有不少这样的人。总之，不是靠自己的真功夫。我想，第一种"红人"有其"红"的必然性，因为"榜样的力量是巨大的"。而第二种人成了红人，这个学校就有"歪风邪气"了。再者，"红人"在一所学校中毕竟是少数人啊。那"不红的人"校长还能关注吗？是不是校长认为那些"不红"的大多数人，只干工作的20％呢？

一所学校要健康发展，"20％现象"和"红人现象"是不应该存在的。一所学校要想有所作为，是必须靠全体教师共同努力才能实现的。每一所学校，都需要领头羊和领头雁来带动其发展，但是，这并不代表可以夸大他们的作用。校长的立足点应是：为学校的每一位教师求发展。

曾在李镇西老师的博客里看到这样一个故事：学校新来了一位教师，工作总是拈轻怕重，班级搞得一塌糊涂，学生乱翻了天，她也很少去管。学校领导要给她一个处分，但是，作为校长，李镇西没有这样做，而是想给她一个机会。通过李校长的"纵容"和学生对教师的影响，这位教师最终成了一位很优秀的教师。李校长这是什么样的胸怀啊！

一所学校有那么多教师，总有发展快的和发展慢的。正如一个班级有优生和后进生一样。要求教师去转化后进生，那么校长的职责又是什么？对于那些待发展的教师，校长是什么态度，又做了些什么呢？

校长应该有悲天悯人的情怀，对于优秀的教师，鼓励他们，引领他们更好地发展；对于那些待发展的教师，更要给予他们机会，帮助他们更快地发展。

校长眼中应该有那"沉默的大多数"。

任何一个教育者在其教育生涯中，都会犯这样或那样的错误。区别不在于教育者是否犯错误，而在于他如何对待已经犯了的错误。善于通过反思把教育失误变成教育财富，这是任何一个教育者走向成功的关键因素之一。

——李镇西

小处不可随便

　　看过这么一篇小文：一位著名的书法家，随便一写一画，别人都争着收藏。但是，让他心烦的一件事是，他家的墙角上，经常有人在那儿大小便。他一气之下，大笔一挥："此处不可大小便"，贴到了墙角。但，没有一天就被人揭走了。一日，他的弟子告诉他，他在一个大人物家里见到这些字，只是被人拼接了："小处不可随便"。

　　挺有意思的一段文字，我看了两遍。

　　家附近有一家KTV，晚上八九点钟，各路人马都从四面八方汇聚过来，喝酒的居多，年轻人居多。我住的小区相对安静一些，便经常看到有人过来，找个墙角就"随便"起来。我甚至见过有些年轻人，在KTV的路边就"随便"的。来往的车辆挺多，灯光很亮，我为他们感到羞耻。

　　我是个教书匠，看到这些"盛景"，心中总是掠过丝丝不安，甚至紧张：这里面会有学生吗？我更为我们的教育感到悲观：这就是教师教育出来的年轻人，二十岁左右的小伙子，正是要脸要面，书生意气的时刻，但……

　　"随便"成了我们的一种集体无意识。早晨升旗仪式，当国歌响起，国旗冉冉升起，总有一些教师三两人聚在一起，随便说话，没有在行注目礼。看过这样的报道：在很多国家，当国歌响起，国旗升起，不论人们在干什么，都会停下来跟着音乐一起唱起国歌，行注目礼。而我们即使在升国旗这么庄重的时刻，也很"随便"。

听报告我们也很随便。报告前总会有人提醒：报告期间请将手机关机或调至静音。但是，报告过程中总会有"优美"的音乐响起。更有"特色"的是，台上大说，台下小说，嘀嘀咕咕的，绕梁不绝。

在网络发表言论我们也很随便，秦火火不是被抓起来吗，但是，像秦火火这样的大有人在啊。"谣翻中国"，谣言漫天飞。网上张口闭口都是国骂，随便得很。

我们上课很随便，我们听课很随便，我们的卫生习惯很随便……

或许，升旗没有行注目礼是小处，听报告忘了关机调静音是小处，在网络上骂上几句是小处，但，正是这些无数小处让我们与文明渐行渐远。

教师教育学生时经常挂在嘴边的话：升国旗时要庄重，肃穆，行注目礼，少先队员行队礼。我们告诫学生：上课不能在下面讲话，这样老师咋上课啊？我们对学生讲：要做个诚实的孩子，不能说谎，更不能骂人。但我们却很随便。这些不应该的"随便"行为很多是有制度规定的，那些没有规定和要求的，我们是不是更随便呢？

还是那句老话：没有规矩，不成方圆。小处不可"随便"。

> 要记住，你不仅是教课的教师，也是学生的教育者，生活的导师和道德的引路人。
>
> ——苏霍姆林斯基

你讲话了吗？

又是周一的升旗仪式了，老师们站在各班队伍的后面，不少老师聚在一起，聊了起来，有时候，我也会走过去加入他们的谈话中。

每周一的升旗仪式，各位班主任最担心的就是班上学生讲话，毕竟是全校的升旗仪式啊，所有校长和领导都参加，学生乱哄哄的，多没面子啊。在升旗仪式中，有的学生讲话就会被教师批一顿，有的讲话厉害的甚至被教师揪到队伍后面罚站。但是，我们教师呢，我们为何就可以随意讲话呢？升旗应该是一件很庄重的事，特别是国歌响起，国旗升起的时候，我们教师应做的是，不，应该是每一个中国人应做到的是，身体挺直，行注目礼。但是，很多教师却在学生队伍后面说说笑笑。

又者，中午有很多学生在学校餐厅就餐，学校规定是禁止学生讲话，每天都有教师值班，检查学生是否讲话，有讲话者立马制止。但，教师为什么可以聚在一起随便说笑？

教师的行为是这样的，我们怎样教育孩子呢？人们都说：最好的教育是榜样示范。我们的榜样示范作用在哪里？如果学生问我们：老师，你们怎么乱讲话？我们作何回答呢？身教重于言教。学生的眼睛是雪亮的，他们年龄小可能会只听我们讲的话，慢慢地，随着年龄的增长，他们不仅听我们讲了什么话，还看我们怎么做。他们有对事情的辨别能力，看到教师言行不一，心口不一，他们也会效仿。我想这种危害是巨大的，而且深远的。

有时候，我们感到自己的教育实效性很差，要求学生做到的，学生很多情况下都做不到。这其中有一个很大的原因，我认为就是学生身边没有一个很好的榜样示范者。举个例子：培养学生的读书习惯。教师本身就是一位不爱读书的人，你很少读书，就是拿着书也没有专注的表情，如何影响学生？学生能养成读书的习惯吗。更有甚者，学生回到家，教师要求读书半小时，孩子为了完成作业，去读书了，而家长却在看韩剧，却在上网斗地主，孩子能养成好的习惯吗？由此想到，"书香家庭"并不是家长要求孩子读书，而是，家长的读书行为潜移默化地影响了孩子。

推而广之，我想，教师的教育更多的时候，不仅是教育，更是示范。一个对读书有热情的教师，他的学生也会热爱读书；一个喜爱写作的教师，他的学生对写作也会有别样的感受；一个道德高尚，追求正气的教师，他所引领出来的学生也会是追求正气的人。

你讲话了吗？再到升旗仪式，再领着学生就餐，我不讲话了，并非证明我有多么高尚，只想在教育学生的时候，我的讲话是有底气的。

一个人可以走得很快。一群人走会走得很远。

——新教育叙事展示所感

抱团成长

新教育叙事展示已经过去了，心中坦然多了。好几天满脑子都想着这事，忙活这事，自己的晨诵也耽搁了，教育叙事也有种久违的感觉，心中真有些空落落的。但此时，回想这几天的人和事，我不禁再一次感动了。

接到市里的通知之后，我的心中曾一片茫然。市里要求有情景设计、PPT、脚本设计、舞美设计等等，这些要求对我来讲，真是蛤蟆吃天——无从下口啊。我请示了市里的刘红星科长，刘科长认真地给我做了解答。我又把市里的要求传达给了开元的崔海霞老师，还有黄山实验的老师。虽然，那时心中对这次活动的要求有些具体思路了，但，对于我来说还是有难度的。前两周周六，我和曹玉萍老师、李媛老师进行了探讨，经过反复讨论，我们最后达成共识：结合新教育的理念先对学校进行面上的介绍，然后我们三人分别负责设计一个点进行展示。目标明确了，就开始忙活起来。

我搜集资料，对我校开展新教育以来所开展的活动进行了整理和归类。接着设计脚本，我在实际的操作中遇到了不少难题，首先对于"脚本"这个概念，我就毫无头绪，从来没有接触过。我上网查阅，还好，不是很难，就照着葫芦画瓢做了起来。但，如何设计一个情境，把我们三个班开展新教育的情况进行展示，这就为难了。如何找这么一个情境，把大家所开展的活动进行展示，既简练又有深度，还能体现出所取得的成绩？我们三个就卡在这里，冥思苦想好几天都没有进展。急！

不久接到通知，市局的领导12月2日先来邹平进行审查。此时，离12月2日还有5天，我们的脚本还没设计完，更没有排练。对于这样一场不大不小，有音乐、有舞蹈、有朗诵又有主持的展演来讲，这会似乎就意味着无法完成了。急死了！

11月30日，似乎是入冬以来最冷的一天，凛冽的寒风呼呼地肆虐，校园中落满了瑟瑟发抖的树叶。我们来到学校的报告厅，开始第一次排练，此时，我们的设计还没有成型，只有边展示，边修改完善。我设计的PPT的效果太差了，80多张照片简单罗列，没有动画，看起来很呆板。并且，我没有经验，设计PPT时，没有与脚本进行对接，当读脚本的时候，所展示的图片对应不上。曹玉萍老师当即决定重新制作。中午，只是简单吃了几口饭，曹老师就开始设计。虽然小曹是语文教师，PPT设计比我强很多，但要拼接设计这么多照片，还是遇到不少难题。她为了设计PPT，工作到晚上近12点。这个PPT设计，从分工上来讲，是属于我的，但是，为了本次活动能更加完美，曹老师主动承担了这个大工程。李媛老师班上的孩子小，他们班的设计环节比较多，内容也比较复杂，是侯老师、宋老师，跑前跑后地帮忙。赵校长来学校了解我们的工作进展，看到我们在忙活，告诉我，有什么需要帮忙的尽管找他。田校长也打电话来问是否需要帮忙，有任何需求都可以给她电话，她会给我们安排。

12月1日，继续进行彩排。我们的现场一团乱。我们三个还没有记住台词，上台之后，我总是说错词，PPT还有不少地方没有完善，音响总是莫名其妙地乱响，胸麦却不响，PPT又卡住了……在台下观看的田校长很着急，但她一直在安慰我们，帮我们想办法、出主意，解决问题。即便如此，现场的气氛依然紧张，我劝大家：别慌，咱慢慢来。小曹说，咱千万别给学校丢人啊。虽然我嘴上说不要慌，但看到我们当时的情景，第二天市里的领导来了，真要给学校丢脸啊，我心中说不出什么感受。放学之后，我们三个继续坐在报告厅里讨论着，也做好了最坏的打算：就不定明天市里的领导看着烦了，没看完就气得走了。我们说着，都笑了，有一种破釜沉舟的快意。晚上，李媛老师、曹玉萍老师修改PPT，整理细节，都忙活到凌晨一点。

12月2日，9:30，市里和局里的领导到来。展示开始，每个环节都比较顺利，虽然有几点小瑕疵，但是整个流程算是顺利地走下来了。结束之后，我们大家都有说不出的愉悦！

　　有这样一个比较好的结果令我们欣喜。但是为何能取得这样的一个结果呢？"团体""共同体""抱团成长"，这些词语一直在我心中萦绕。正因为我们梁邹小学有这样一个团结的共同体，才会有这样的一个好结果。我曾找高军老师帮忙，高老师非常认真，一丝不苟。曲主任知道我需要照片，主动找出照片发给我。高金宝主任知道我这在忙新教育，帮我盯班，帮我安排学生。王立平老师和郭艳芳老师早早地来帮我们的学生化妆。还有甘红艳老师、曹玉萍老师班上的家长有事无法参加学校的演出，甘老师主动顶上。还有高进老师、贺小翠老师帮我们准备话筒、调制视频。傅学燕主任、孙雪静主任在我们需要的时候给予了帮助等等。

　　在这个不算十分完美的演出背后，有着一个团队的付出和心血。从这个意义上讲，我们就是成功的。有人这样讲：选择一所什么样的学校，就选择了一种什么样的生活方式。我们选择梁邹小学，就等于选择了一个团队，一个抱团成长的团队。虽然，团队的其他人没有在台上展示，但他们却在默默地付出，默默地支持着团队前进。我心中所体味到的都是感激与感动。感谢他们！

　　每个人的能力总是有限的，每个人的视野也是有限的。一个人可以走得很快，一群人可以走得很远。我和梁邹小学的老师们在一起，就是站在集体的肩膀上飞翔。

　　幸福有很多种，有种幸福叫成长。温暖有很多种，有种温暖来自团队。我为自己能成长在梁邹小学这样的团队而感到幸福，感到温暖！

> 没有自我教育就没有真正的教育。这样一个信念在我们的教师集体的创造性劳动中起着重大的作用。
>
> ——苏霍姆林斯基

"扎根教室"随想

孩子的教育是每一个家庭的大问题、大关注、大投入。很多家庭为了让自己的孩子能去个好学校,可谓费尽心机。而选择一所好学校之后,又为择个好班、择个好老师而着急。

那么给孩子选择一个什么样的老师才是好老师呢?

我认为,给孩子选择老师,最好不是学校的名师,最好不是学校的领导。为何这么说呢?源于我自己的经历和感受。

今天上午我参加了市里的新教育开放周活动,还在活动上发了言。回来之后到小娟姐的办公室,小娟姐很不客气地说:"我该和你好好聊聊了。"

她这样一说,我心中也明白。这一段时间,我也很郁闷,也在反思。经典诵读验收,我们班背得很差;写字验收,我们班的正确率又是级部中最差的。周二,胡秀荣老师在我们班上课,孩子们表现出思维的懒惰,不思考、不积极回答问题。我也非常着急,看到别班学生回答问题积极的样子,以及那么精彩的回答,我很是羡慕。

小娟姐语重心长地说:"你注重个人专业发展非常好,但是,你不能把自己的课堂和学生给放下不管,毕竟你是一个老师啊。成绩不好,课堂不行,这也说明你是一个不合格的教师。说得功利一点,你的成绩不行,你的考核就不行,考核不行,就没有表彰啊。"

是啊,我出去做报告,题目是"扎根教室"。而这个学期一次次的活动和一次次的外出,我怎么能扎根教室呢?我不在学校,或者在学校也总是忙于事务性工作，心会浮躁，自己的心浮躁，孩子们自然浮躁，还谈什么"扎根教室"？

故而说到孩子择师的问题，选择名师或者领导，他们外出的机会多，事务性的工作比较多，必然会影响他在教室的时间和状态。而在小学，孩子年龄比较小，是需要教师的陪伴和引领的。

当然，我并非名师或领导，只是一名成长中的教师。自从加入新教育之后，我始终执着地在做，而新教育活动比较多，自然我外出就比较多了。另外，我在县里做了一个报告反应不错，之后就有不少机会出去交流。所以，我这个不是名师的教师，也就忙乱起来了。由此可知，那些名师们很多时候，他定和我一样是无法顾及班级的。

很多时候，没有班主任的班级就如没娘的孩子一般，缺乏关注，缺乏引领，孩子在学校心也是没着没落的。

真正的优秀教师应该是一位扎根教室的教师，就像新教育所提的：能在班级转化一个孩子，让他有进步，比获得一个国家级一等奖还有意义。

薛瑞萍的《给我一个班，我就心满意足了》《心平气和的一年级》，常丽华的《在农历的天空下》，看她们的状态，正是扎根教室，踏踏实实。

我举她们的例子，似乎又是在搬起砖头砸自己的脚。因为她们成为名师是源于她们的扎根教室，或者说，她们是扎根教室之后才成为名师的，而不是和所谓的大多数名师一样，上各级的优质课和做各种报告。

讲了这么多，还是回到我的教室吧。昨天，我让学生朱新宇去跟英语老师调课，新宇戚戚地说：我们老师可能又要出发。我听了心里也不是滋味，于是在班中跟孩子们讲：明天是我最后一次出去，这个学期以后就不出去，在教室默默地看着大家改变，看着大家成长。

我说得很动情，孩子们也听得很感动。

我告诉自己：还有时间，从备好课开始，从上好每一堂课开始，从认真面对每一个孩子开始，就像我在报告中所言，扎根教室，让自己和孩子们都开成一朵花！

> 民主教育的核心——尊重。每个教师的行为都是教育资源。
>
> ——李镇西

由"禁止系鞋带"想到的

天气越来越冷了,课间操由广播体操转成了跑操。跑步既能锻炼身体又很暖和,好事。

在跑步的过程也出现了些问题。如,个别学生的鞋带开了,脱队出来系鞋带。开始,各个班中偶尔会有学生出来系鞋带。鞋带开了,出来系好就是了。但,有的学生发现出来系鞋带是件蛮好玩的事情。为何?这样既可以稍作休息,又可以暂时脱离队伍的约束。于是乎,不少"效仿者"出现了。

学校领导发现了,这样怎么行啊,影响跑步的美观,显得跑操队伍很乱。一道命令下达:禁止跑操系鞋带。

好厉害,这条命令一下,级部强调,部主任强调,"系鞋带之风"一下子给刹住了。

我想学校领导一定会很欣喜:看到了没,我的威力多大。再也不会有人出来系鞋带,队伍一片井然有序,心中也会说不出的自豪。

但,我的眼睛总是放到不该放到的地方。

我看到有的学生鞋带开了,一边趿拉着鞋,一边跑步的样子很难受啊。想出来系鞋带吧,老师不允许。不出来吧,又真不舒服啊。

哎呀,不好。我突然意识到一个更大的隐患。鞋带开了,那是很容易绊倒的。如果一个学生一旦绊倒了,后面的学生没有刹住,一下子涌上来,岂不就是踩踏事故吗!这可了不得的啊!这就是安全隐患啊!

我是不是有点危言耸听,搬弄是非?

或许是吧。为何非得发生恶性事件之后,我们才会意识到我们的制度或者规定有问题呢？

还有，我对这些缺乏教育性的管理规定，不甚感冒。为何非得出台一些硬性规定来显示领导管理的权威呢？为何不把每一次发生的事情当作一次教育的契机呢？为何就非得弄点狠的，不来些温柔的（民主）呢？

而这样"狠的"的结果是一时见效快，一旦过去一段时间，问题立马反弹，因为没有找到问题的根源，只是表面上压制住了。

李镇西老师曾经对"民主"有过这样一段论述：把民主看作一个人的生活方式，是对民主更加深刻的理解，即把民主不仅看做是一种外在形式或者外在的东西，而是一种内在修养。我们都在吆喝：培养具有民主气质的社会公民。这种社会公民是如何培养出来的，是一条条禁令培养出来的吗？

一条条禁令培养出来的更多是服从者。"民主的生活方式，意味着自由、平等、尊重、多元、宽容、妥协、协商等观念渗透于社会每一个角落，体现于生活的每一个细节。"当再发生"系鞋带"事件的时候，我想我们可以转换一下观念，采取更加温情的方式，让班主任在班中组织讨论、交流，与学生理清事情的是与非。这样的管理是不是更具有教育性？这样的管理是不是更具有民主的意味？

更重要的是，我们给受教育者提供的教育和环境，将很大程度上决定他们未来成为什么样的人。

> 教育者的个性、思想信念及其精神生活的财富，是一种能激发每个受教育者检点自己、反省自己和控制自己的力量。
>
> ——苏霍姆林斯基

"四招" 凝心聚力

刚接手一个新班，向以前的任课教师了解班级情况，不问不知道，一问吓一跳。任课教师对这个班级的描述是：大起大落。这个班原先的班主任管理很严，班级可谓秩序井然。但是四年级下学期，换成一个刚刚应聘来的代课老师当班主任，班级一下子散了，进入了"无法无天"状态。这位新班主任带班一学期之后便"销声匿迹"了，据说是被学生气走的。

接班后不久，学校安排我到上海学习一周。学习回来之后，我发现我们班竟然成了全校名班。周一升旗仪式上，校长当着全校师生的面大大地表扬了我们。原来，我在上海学习期间，校长想看看我们班的学生情况，发现我们班在班主任不在的情况下，常规活动秩序井然，特别是放学路队成为了"学校靓丽的风景线"。班委喊着响亮的口号，学生踏着整齐的步伐，很有精气神。短短一两个月，班级变化可谓很大。面对这个没有凝聚力，散乱差的班，我做了哪些工作呢？有人说：治大国若烹小鲜。我说：治班级若烹小鲜。我值得说的也就下面四招。

第一招：口号凝聚共识

班里很乱，怎么办？为了凝聚人心，那就喊口号吧！一次班会上我和孩子们共同提出了班级的口号：做梁邹小学靓丽的风景线。对于一个乱班来讲，这就是我们最初的愿景。但这口号谁相信啊？班级乱成那样，不变成最差的风景线就不错了，还成为靓丽的风景线？难！没有人相信。没人相信不要紧，自己多强调，多喊几次，慢慢地就有点信了，慢慢地就能实现了。口号是愿景，是希望。有愿景，有希望的班级才有奔头！

朱永新教授讲：教室文化是完美教室的灵魂，是一个班级使命、价值观、愿景的集中整合与体现。提出班级口号之后，我又和班里的孩子为我们的教室命名——飞翔的教室。我们设计班徽、班旗，制订了班训和班级承诺。在这种无形文化的熏陶下，孩子们的精神面貌焕然一新。用其他任课老师的话说：咱班的孩子们精神了，正气了。

第二招："撒谎"提振信心

乱班"熊孩子"多，但他们同样渴望被表扬，或者说，他们更需要表扬和鼓励。多萝茜·洛·诺尔特说："如果一个孩子生活在鼓励中，他就学会了自信。"偶然一次我发现，校长从我们教室门前走过，有几个学生赶紧说"校长来了，校长来了"，好多学生立刻安静多了。这事，我从来没有想到，他们竟然认识校长，怕校长。但是，我不可能撒谎说"校长来了，校长来了"吓唬他们啊。那一段，有几个任课老师告诉我说班级纪律有了些进步。我就告诉学生，当然是"撒谎"说：同学们，我们班进步很大，我们的路队、上课纪律表现、就餐等常规表现不仅得到老师的表扬，也得到了校长的肯定，连校长也表扬了我们。我"撒谎"水平挺高的，说得连我自己都相信了。看到班上学生喜形于色，我便多撒了几次"谎"。最后校长真的表扬我们班，而且是在全校师生前表扬。孩子们喜欢被表扬，被夸奖，我就满足他们的虚荣心，虚荣心是人上进的动力嘛！

第三招：玩笑形成合力

每个人都是向往快乐的，孩子更是如此。很多时候，教师一本正经地讲道理学生厌烦听不进去，换一种方式，利用幽默、玩笑可以起到"一笑解千愁"的作用。班级应是一个充满温情和快乐的地方。上课，总有孩子回头说话，于是我问他："我长得帅吗？"孩子还是挺识趣的，说"老师长得帅"。我假装生气地说："我长得帅，你怎么不看我呢？"同学们都笑了，他也笑了。他如果再回头，我就会假装更加生气地说："你回头不看我，就是否定我长得帅，我和你急。"学生喜欢这种方式，效果比训斥要好。对学生教师有时候不能光讲"大人话"，要讲"孩子话"。班里好几个学生挺调皮，有一段时间我们班正在读《我的妈妈是精灵》，看到他们不读书在捣乱，我便风趣地对他们说："孩子们，你们都是精灵啊。"同学们挺惊讶，我接着说："你们是上帝派来的精灵，上帝想看看我才能如何，派你们来考验我。结果一考验才知道我真厉害，所以你们背叛了上帝，以后就跟着我'混'了。"孩子们都笑了。后来，他们真的"跟我混了"。好的心情是德育良好的情绪背景。班级中有了快乐，学生才会喜欢这个班级，喜欢这个老师，才有归属感，才愿意为这个集体服务。

第四招：活动增强动力

李镇西老师说："没有活动便没有集体。"活动是师生之间互相了解的桥梁，能够密切教师和学生以及学生和学生之间的关系。每周的班队会时间，我没有单纯说教，而是开展一系列的班级活动。例如以"合作"为主题的小组足球赛，小组接力赛，跳蚤市场等活动。学生都非常喜欢这些活动。这些花样翻新、妙趣横生的活动，使班级始终充满生机并对学生保持一种魅力。学生心情愉悦，总是兴致勃勃地向他们的家长和其他班的同学谈论班级活动的精彩和趣闻，对班级产生了自豪感、责任感和集体荣誉感。同时这些活动对班级凝聚力的产生和加强也起到了催化作用。

学生踏着整齐的步伐，引来其他班教师和学生的赞叹声和羡慕的目光，孩子们更加神气起来。看到孩子们这种"高调姿态"，我想这不仅仅是班级凝聚力的增强，更重要的是学生精神风貌的改变，学生自信心的增强和自我认同感的提升。

> 个人最好的判官只能是自己的良知，进而随时自己提醒自己、鼓励自己、期待自己、追问自己。
>
> ——李镇西

斜风细雨不须归

又好久没有写随笔了。每天疲惫而慵懒的身体躺到床上的时候，内心渴望自己能爬起来写点东西。但是，我一次次地被疲惫与懒惰打败。呜呼，呼呼地一觉到天明。读书写作都停滞了，感觉自己又回到了过去那种平庸的日子。

周末总是来点小雨，此时，外面小雨还在淅淅沥沥地下着。嘴里莫名冒出一句"斜风细雨不须归"。看了一位教师对《渔歌子》的解读之后，似乎这句诗已经印入自己的生命。是啊，"青箬笠，绿蓑衣，斜风细雨不须归"。

世俗的我们，"不归"是何其难啊？经常被世俗之事困扰，看到别人得来那么多证书，看到别人获得那么多荣誉，看到别人的文章又发表了，自己心中总是涌起波澜，怎还有"斜风细雨不须归"的宁静与洒脱呢？难啊！

教室是教师心灵的家园，教师能和孩子们一起劳作，"饥劬不苦，膏泽且为喜"，而不愿归去吗？即使自己是"青箬笠，绿蓑衣"，而依旧不改自己的初衷，用最初的心，做自己应该做的事。我能否做到呢？

人生就是一个不断悟道，一个不断自我修炼的过程，或许，我本愚笨，需要渐渐领悟。"斜风细雨不须归"中的那个"渔翁"，那个自己，总时不时地会来点醒我一下。或许，这就是领悟，这就是成长吧！

> 教育者的个性、思想信念及其精神生活的财富，是一种能激发每个受教育者检点自己、反省自己和控制自己的力量。
>
> ——苏霍姆林斯基

兔子是不会在中途睡觉的

还有不到一周就考试了，复习进入了白热化阶段，各科也在不停地考、考、考。考完之后，那个大大的鲜红的分数被摆到孩子们的面前，似乎那个分数能够敲响孩子学习的警钟。

在这个情景中，那些成绩比较差的孩子可遭了殃，每天都被压在"三座大山"之下，过着水深火热的生活。实际上，面对这些成绩差的孩子，很多时候教师比他们还着急啊。这背后涉及荣誉、考核甚至职称和工资。有的教师为了训导那些成绩差的学生不贪玩，继续努力，被迫拿出了《龟兔赛跑》的经典故事来教育孩子。

孩子们表情很庄重，听得很认真。我想不少脑子灵活的孩子早就嘀咕了：我们班的"兔子"怎么会在中途睡觉，他们比"乌龟"更卖力。让他们睡觉，除非我有移魂大法。我一定把他们搞定……

是的，这个我们曾经奉为"神器"的教育故事，在现在很多孩子面前已经失去了效力。孩子们分析得很对，班中的"龟"和"兔子"在赛跑，"乌龟"是没有可能战胜兔子的。那些"兔子"们都是无须扬鞭自奋蹄，怎么会中途"睡觉"，那是做白日梦啊。

那么这个故事就失去教育意义了。有人这样讲过：语言和神话一样，它的本质是象征。它的所有意义有待于读者积极能动地赋予，当一种意思被固定下来的时候，也就是象征走向死亡的时候。如果把这个故事放到一二十年前，通过讲这个故事来告诉当时的孩子们要坚持不懈，最后能取得胜利，效果还是蛮不错的。现在，再拿这个我们都不会相信的故事来教育孩子，难怪孩子觉得这太小儿科了。

那么这个经典故事还有存在的价值吗？

有个解读就非常精彩：多元智能。实际上这个故事背后蕴含着一个理论，那就是多元智能理论。多元智能理论告诉我们，人的智能是多种不同类型的智能复合而成，其中一种智能或多种智能会成为我们的优势智能。而乌龟和兔子正是智能对比很明显一组。兔子擅长跑，而乌龟爬得非常慢，但是，乌龟有坚硬的外壳和持久的耐力，这又是兔子不能比的。如果让兔子和乌龟进行一百米短跑比赛，这人一定大脑有问题。但是，我们每个教室每天都在上演着这一幕。

每一个孩子的智能优势是不一样的，而这些千姿百态的孩子，都用一个标准，而且是严格苛刻地衡量，是不是太不科学公平了？

再回到故事本身。这个古老的故事又有她更深刻的暗喻。"兔子"和"乌龟"放在更长的时间轴之内，一年，十年，半辈子，一辈子。他们谁会是最后的赢家呢？这就很难说了。

回老家，一个当了厨师的小学老同学"狠狠"地对我说：熊孩子，上学的时候，你学习还不如我。我点头。

而在我们的周围，那些曾经被人不屑一顾的落后者，不是已经远远地超越了，逆袭了吗？

在人生的长河中，开始的领跑者，不一定是最后的领跑者，而最后真正的领跑者，还是那个持之以恒的"乌龟"。"兔子"干啥去了，"睡觉"去了。哎呀，"兔子"怎么又睡了？这，好像是兔子的宿命，又是人生的悖论。

"兔子"怎么又睡觉了？好玩！

生命就似一片叶子，绿了，黄了，荣了，枯了，如何让自己的生命黄了又绿，枯了又荣，是一种能力，更是一种勇气。

周日遐思

曾经看到一条微博中这样说：管理与学术是两个概念。学术尽可以孤独跋涉，无限深入，甚至不必强求他人理解。管理则必须以洞察人性为基础。只是，洞悉必须伴随悲悯与谅解，并通过被理解的愿景，来抵达高出个体的目标。谁能仰仗别人？是我们自身的坚定性，最终塑造了我们的命运。

这是我看到的对管理的最高水平的理解与阐释，虽然我几乎没有读过几本关于管理的书籍。我曾经当过所谓的中层，但是以惨烈的失败而告终，因为我无知地认为管理就是安排别人去做，而别人必须要做，所以……

一位同事曾经这样说，她很感激她的领导，因为在她刚刚生小孩的时候，她的级部主任对她很多照顾和体谅。正是伴随着悲悯与谅解，才使得管理真正开始了，而有了真正的管理，才使得这个团队的愿景得以实现，从而使得这个团队朝向高处发展。

是啊，谁能依仗别人呢？我曾经希望自己能依仗别人，使得自己的境遇有所改变，这里不一一细说。但是，结果可想而知。真正的提高与改变，不是表面的光鲜，而是内心的丰盈与从容。从来都是自己的坚定和坚持拯救了自己。

一颗种子只有经历岁月的磨砺，必须穿越泥土的黑暗，才能开成一朵花，或者成就一粒种子的生命价值。这所依仗的是自己，没有人能代替你发展，阻碍你发展的事物也需要你自己跨越，你是自己世界的王，只有你自己决定了你自己的未来，只有你自己才能塑造出你自己。

就人格而言，师生之间是天然平等的。教师和学生不但是在人格上、感情上是平等的朋友，而且也是在求知道路上共同探索前进的平等的志同道合者。

——李镇西

小议"学校是犯错的地方"

学校管理和班级管理一样，应该是一门艺术。艺术在哪里呢？艺术在度，艺术在宽严结合、慈严相济。

有的教师管理得很松，班级就像菜市场，就像一盘散沙，这就谈不上班级管理和教育了。而有的教师横眉冷对，动不动就气吞山河，让学生胆战心惊，这更不利于教育。这些都是没有处理好度。

我们不妨从原点考虑这个问题。学校是什么？有人说学校是学生犯错的地方。学生正是从一次次的犯错中成长起来的。但很多人却很少想起这一点，总是盯着学生的错误不放，学校、班级管理成了纠错本，天天查问题，天天纠毛病，于是乎有了查不完的问题，有了纠不完的毛病。于是教师变得不再从容不迫，而是经常着急上火，牢骚满肚。这样的管理也使得学生失去很多成长的机会。

有心观察的教师会发现，越是那些苛刻的班主任的班级越是容易产生问题学生。一个教师如果总是"治病"，会发现"病"越"治"越多，问题解决者逐渐演变为问题的制造者。原因何在？一是教师的一味训斥指责会强化学生的错误行为。二是，学生在教室里没有心理空间，他就会用一般人难以接受的方式证明自己的存在，如反叛，欺负其他同学，或者孤独自闭。

教师不妨这样想：学校是学生犯错的地方。这样想，学校领导就不会学生一旦犯错，就横加指责教师工作没有做好。这样想，班主任对自己的工作会更加从容，对学生就不会那么苛刻。等等孩子，孩子会获得更多的成长机会。

有的班主任抓纪律抓得严，抓得死。学生一旦见到班主任，神情就极度紧张。不用说孩子们了，对此我都感到很难受。孩子总是处于紧张状态，要么失去信心，要么就破罐子破摔，最终成为问题学生，因为无休止的严格不符合孩子的天性，对孩子的心理会产生巨大的伤害。长期如此，并不利于孩子们的成长和班级的发展。

纪律的目的是让孩子们形成规则意识，而规则意识有时候不是仅靠强迫就能实现的。处于逆反期的孩子有时越是强迫越不容易让其养成规则意识。

我还是主张：松弛纪律。"文武之道，一张一弛。"学生毕竟是孩子，希望他们不犯错误，那是不可能的。如果教师心中有这种追求，那是跟自己过不去。该严格要求的时候就严格要求，让学生明白规定好的纪律是要遵守的。该放松的时候就让孩子们自由，让学生明白自己的努力可以获得更多自由和尊严。这种自由的氛围也有利于孩子思维的发展。对于孩子偶尔犯错，也别大惊小怪。

"学校是犯错的地方"，教师放平心态面对孩子的犯错，在一个度的范围内，让孩子自由飞翔，这同时也是对自己的一种释放。教育，也就是对人性的释放啊！

任何一个教育者在其教育生涯中，都会犯这样或那样的错误。区别优秀的教育者和平庸的教育者，不在于教育者是否犯错误，而在于他如何对待已经犯下的错误。善于通过反思把教育的失误变成教育财富，这是任何一个教育者从普通教师走向教育专家的最关键的因素之一。

——李镇西

莫用活动来压学生

　　打算下周一班队会的时间在班级组织跳蚤市场活动。
　　愿意和学生一起组织一些活动，一来增加班级的凝聚力，活跃一下班级的气氛；二来也为写作提供素材，毕竟跳蚤市场活动也是个很好的写作素材。
　　在准备向学生宣布组织活动之前，听微机老师讲：我们班在去上微机课的路上很乱，有好几个男生乱讲话，老师批评，还骂骂咧咧的，不是很服的样子，致使微机课只上了半节课。
　　听了这些话，我也很生气，当即在班上调查，原来是铮杰、逸凡、文略三个学生。他们几个在我面前还是比较老实的，特别是铮杰，在我面前可老实了，好像一训斥就要哭的样子，但是，我不在就非常调皮，甚至有老师反映，老师训他都不听。
　　我狠狠地训斥了这三个学生，并决定下周的跳蚤市场活动不准这三位同学参加。
　　事后反思：我这样做对吗？这种惩罚是公平的吗？细细想来，是有很多不合理的地方。第一，孩子不是因为在跳蚤市场活动上捣乱而惩罚他不参加，这是不合理的。雷夫说：对学生的惩罚要公平。而什么才是公平？那就是对等。孩子画画课捣乱，可以让他站到一边，不准画画。同样，孩子在微机课上捣乱，就可以不允许他参加微机课。这样的惩罚相对而言才是公平合理的。

第二，我无疑是用活动来压制孩子。你不好好表现，我就不允许你参加我组织的活动。表面上是不允许学生参加这次活动，实际上我的内心认为这些活动就是教师的施舍，是因为你们好好表现而给的奖赏。这就把教师变成了班级的统治者，而不是和学生拥有共同地位和人格的平等对话者。参与活动获得快乐和成长应该是学生们作为班级一员具有的权利。

我曾经不止一次引用李镇西老师的这句话：没有活动便没有集体。一个班集体如果除了上课便是考试是不会让学生产生感情的。一次又一次花样翻新、妙趣横生的活动，会使班级始终充满生机并对学生保持着一种魅力。学生会油然而生班级荣誉感。更重要的是，从教育艺术角度讲，在集体活动中培养集体观念，是通过淡化教育痕迹的方法来获得非淡化的教育效果。这是教育的辩证之所在，也是教育者明智之所在。

班级活动会让班集体充满了魅力，孩子非常喜欢参加班级活动，但这不应该成为教师"镇压"学生的一种手段！

> 给学生以心灵的自由，教师自己就必须是一个心灵自由的人。只有教师民主的阳光，才能照亮学生创造的原野。
>
> ——李镇西

学校无小事乎？

经常听到这样的话语：学校无小事，教育无小事。教育真无小事吗？从辩证的角度讲，没有小事，就不会有大事。大小都是相对的，如果什么都是大事，那么大事也就不成为大事了。但是，就是这样最简单的最基本的逻辑就可以推测出错误的"谬论"，还是成为了人们的口头禅，成了受人推崇的教育名言，更是成为了部分领导约束教师行为，让教师们多干工作的鼓舞性口号。

一个单位总有大事和小事，有重点工作和非重点工作。一所学校也是如此。如果什么事都当大事来抓，那么工作就失去了重点，不利于教师正确认知自己的工作，更加容易出现应付工作的局面，或者事情来了，我再认真地做，而不是积极地开展自己的工作，研究自己的工作。

对于一所学校来讲，教育教学工作应该是重点工作。但是，实际情况是，上级安排的工作成了学校的重点工作。为了应付上级的检查调研和考核，学校忙上忙下，忙得不亦乐乎。

对于一个教师来讲，学校安排的工作优先，成天忙于应付学校布置的工作，无疑会忽略教育教学工作。我们一直在强调"德育与智育并重""德育优先"，但是更多的情况下，教师只努力抓成绩，而忽视德育和育人。当然，这些情况不能简单地埋怨教师没有责任心，因为这与社会的评价制度，与对教师的考核制度有着最紧密的关系。很多教师在这个夹缝中，只能选择屈从。

再往具体里讲，一个班级的教育工作，如果什么事都当大事来抓，教师不累死才怪了。比如一个学生上课迟到了,从"教育无小事"来看学生迟到就不是小事,是要批评教育的。于是,教师批评了学生一顿。遇到调皮的学生会自己编造些理由,来躲避教师的批评。教师会用自己的"火眼金睛"来揭穿这些理由。于是就进入了扯皮状态,教师把自己弄得身心疲惫。我想,对于偶尔迟到的学生处理可以很简单:请快点坐到自己的位子上。学生安心了,教师也安心了。最多再对学生说四个字:下次注意。

有的教师可能问:这样轻巧地处理,会让学生心里不重视,下次再迟到咋办,学生经常迟到咋办?实际上相反地,教师越是认真地"抓",才会导致学生更爱迟到。可能大家觉得这是谬论。学生为何迟到?很多时候是不愿意去学校,去了学校教师就抓住自己的问题不放,让学生在班级里没有存在的"空间",这其实是学生的一种逃避心理。特别是那些平时习惯不是很好,经常犯错的孩子,上学拖拖拉拉,或者肚子疼头疼什么的,很多都是心理上的逃避。

孩子的年龄特点使得他们就是会经常犯错。如果盯住这些错误行为,当教育的重点来抓,势必会使班主任的工作失去重点,注意在琐事上。班主任感觉自己付出很多,但是班级问题依旧很多,良好的班风更难形成,这样反而会消磨教师的意志,不利于教师的成长和教育的发展。

每个教师对自己的工作要有明确的认识,什么是重点,什么次要,自己要有数。当然,要清晰地找到自己的教育工作重点,这也是需要专业素养的。

教师的工作就其本身的逻辑、哲学基础和创造性质来说，本来就不可能不带有研究因素。这首先是因为，我们与之交往的每一个个体，在一定程度上说都是一个具有自己的思想、情感和兴趣的独一无二的世界。如果你想使教育工作给教师带来欢乐，使每天的上课不致变成单调乏味的义务，那就请你把每个教师引上进行研究的幸福之路吧。

——苏霍姆林斯基

班主任你到底是干啥的
—— 谈班主任的角色定位

很多教师当了多年班主任，还不知道自己是到底是干啥的，或者，对自己的定位不确切、不准确，那样想来，挺可悲的。近来读了王晓春老师的《做一个专业的班主任》，试着对这个问题进行梳理，是一种学习，更是对自己的定位的明确，或许，对是班主任的列位看官也有所启示。

一个人的自我角色定位是很重要的。有人说把自己定位成什么样的人，你就会扮演什么样的人，你就会成为什么样的人。这就是心理学常说的自我暗示。同样，作为班主任的你，把自己定位为什么角色，你就很容易成为什么样的班主任。

班主任的工作性质决定了他的角色定位不可能只有一种。我们试着梳理一下班主任的几种角色定位。

第一，教育管理者。班主任首先应该是个管理者，这是毋庸置疑的。班主任需要协助安排班级工作，需要把握方向，解决班级问题。但是，我们在这里强调是教育管理者。

在我们的日常教育工作中，很多班主任仅仅扮演管理者的角色，而忽视了自己是个教育者。当学生犯了错，狠狠地批评一阵。这样做更多的是管理，是为了维持现状，而不是指向学生的发展，通过教育让学生有所改变。这么说可能较笼统，举个我自己的例子：有一次，班上不少学生都在读《我的妈妈是精灵》，云哲没有带书来，他便去弄前面同学的头发。我发现了，便走到他的旁边，对着全班同学笑嘻嘻地说："我们班也有一位小精灵，他叫云哲。"学生先是惊讶，接着笑了。我接着说："小精灵很聪明，大家都知道的。他是上帝派来的，可能是上帝觉得我比较'厉害'，派他来考验我。结果一考验我还真很'厉害'，于是他就背叛上帝，跟我'混'了。"学生都笑了，云哲也笑了。

　　如果像过去一样，我狠狠地指责学生，更多的只是管理者。而这样的对话，没有了教育性意味。这段话有三个指向：第一，话语中提到孩子很聪明，这是对孩子的肯定。第二，不是孩子的错，是上帝惹的祸，指向孩子不是故意犯错的，是上帝的错。表面上看是为孩子解脱，实际上想一想，很多孩子犯错都是他们的年龄的心理特点使然。第三，跟我混了，代表着孩子将朝向更好的方向发展。

　　可见这些话语是具有教育性和建设性的。所以，教师应该经常思考自己的语言和行为，是不是具有教育性。要把自己定位为教育管理者，而不仅是管理者。

　　第二，班主任应该成为学习者。或者确切地说每一个人都应该是个学习者。因为人和动物最主要的一个区别就是——人的本性是未完成的。在《学会生存》一书中有这么一句非常深刻的话：我们可以说，人永远不会变成一个成人，他的生存是一个无止境的完善过程和学习过程。人和其他生物的不同点主要是他的未完成性。正是这种未完成性，才使得人要不断学习，不断完善自己。就像那句广告词一样：没有最好，只有更好。每个人都要不断超越自己，成为更好的自己。

　　而在现实情况下，很多教师，包括我们班主任也一直处于"厌学"状态。有时也难怪我们的孩子厌学。家长厌学，教师厌学，我们还能苛求我们的孩子不厌学吗？新教育认为：没有教师的成长就没有学生的成长，没有教师的快乐就没有学生的快乐。同样，如果教师不是一个学习者，就很难引领孩子成为学习者。教育工作的特殊性，使得教师成为一位学习者，尤为重要。或者，这是必须的。

第三，心理工作者。可以说这是社会对这个时代的班主任的要求。过去的孩子，或者在我们小时候，生活条件比较苦，人们对吃穿的需求是第一位的。用马斯诺的需要层次理论解释，那时的我们处于最低层次的生理上需求阶段。所以，精神方面的需求对当时的我们而言处于次要的地位。而现代的孩子，吃穿需求已经完全满足，而社会、家庭、网络等给予孩子的影响太大，所以，现在的孩子问题多了，现在的孩子难教了。孩子们在精神方面需要更多的支持和帮助，因此，班主任更多的时候应从学生内心的心理去研究和引导，帮助孩子认识自己。

从心理工作者的角度，要求我们对待孩子要有更多的理解，更多的尊重，更民主、更平等，帮助孩子疏通自己的内心，更好地调节自己。也要求我们以研究者的身份，以科学的方法去解决学生的问题。

第四，家庭教育指导者。我们做班主任的现在越来越意识到：低水平的家庭教育培养出来的孩子太难教了。很多家长把自己的孩子培养成了一个"危险品"，弄得我们班主任狼狈不堪。美国心理学家哈里森说："帮助孩子的最佳途径是帮助父母。"这就要求班主任要成为家庭教育的内行，通过自己的学习和实践，去指导家长教育孩子。

实际上很多班主任已经做得很好了，有的通过给家长一封信活动，有的通过网上交流等等，用不同的形式给家长做了很好的引领。

当然，班主任还有学习指导者和学生的平等的对话者的角色定位，由于我们经常说，这里就不赘述了。

给自己一个准确的定位，我在哪一方面有所欠缺，我想在哪一方面有所突破、有所研究。有了这样的定位和思考，才有助于我们班主任的专业发展。

> 个人的最高判官只能是自己的良知，进而随时自己提醒自己、鼓励自己、追问自己、期待自己。
>
> ——李镇西

成长永远比那个"苹果"重要

一个朋友在QQ上咨询我，市里有个评选，她犹豫不决，不知是否应该参加。她讲到：每次参加这些类似的评选，都是白忙活。从她的表达中我能感受到她的失落。我不会劝慰人，只简单说了几句：只要参与就有机会，只有参与才有机会。我知道这样的劝慰是很苍白的。但，也只能这样了，谁让自己嘴拙呢。

事后，我想到曾在网络上读到的这么一个心理学故事：

一棵苹果树结果了。第一年，它结了10个苹果，9个被拿走，自己得到1个。对此，苹果树愤愤不平，于是自断经脉，拒绝成长。第二年，它结了5个苹果，4个被拿走，自己得到1个。"哈哈，去年我得到了10%，今年得到20%！翻了一番。"这棵苹果树心里平衡了。但是，它还可以这样：继续成长。譬如，第二年，它结了100个果子，被拿走90个，自己得到10个。

很可能，它被拿走99个，自己得到1个。但没关系，它还可以继续成长，第三年结1000个果子……

其实，得到多少果子不是最重要的。最重要的是，苹果树在成长！等苹果树长成参天大树的时候，那些曾阻碍它成长的力量都会微弱到可以忽略。真的，不要太在乎果子，成长是最重要的。

故事下还有这样的点评：

刚开始工作的时候，你才华横溢，意气风发，相信"天生我才必有用"。但现实很快敲了你几个闷棍，或许，你为单位做了大贡献没人重视；

或许，只得到口头重视但却得不到实惠；或许……总之，你觉得就像那棵苹果树，结出的果子自己只享受到了很小一部分，与你的期望相差甚远。

于是，你愤怒、你懊恼、你牢骚满腹……最终，你决定不再那么努力，让自己的所做去匹配自己的所得。几年过去后，你一反省，发现现在的你，已经没有刚工作时的激情和才华了。

"老了，成熟了。"我们习惯这样自嘲。但实质是，你已停止成长了。

这样的故事，在我们身边比比皆是。之所以犯这种错误，是因为我们忘记生命是一个历程，是一个整体，我们觉得自己已经成长过了，现在是到该结果子的时候了。我们太过于在乎一时的得失，而忘记了成长才是最重要的。

好在，这不是金庸小说里的自断经脉。我们随时可以放弃这样做，继续走向成长之路。

非常精彩的一个故事。在成长的路上我们总是渴望自己的付出和自己的获得是对等的。这，是很难的，或许说是不可能的。

我刚刚参加工作没多久，学校就委以重任，让我当上级部副主任。虽然是个芝麻大的官，但是，在当时，那么年轻算是一种重用啊。

但是，工作了两三年，我虽然非常尽力，却感觉一无所获。看到别人获得这表彰、那荣誉，自己真是羡慕、嫉妒啊。我的内心很不平衡：出力干活想着我了，好事没有我的。加上工作上不是很顺心，那几年总是感觉非常疲惫，脾气也变得很不好，还总是患得患失，本来很大度的我，一下子如身陷囹圄中，不能解脱了。

后来辞去主任这个职务，算是一种解脱，安静地做班主任。但是，由于始终想着自己的所得应匹配自己的所做，看到有些人没付出多少，荣誉却"呼呼"的往头上飘，心中总是懊恼。当时，我自嘲为"三无"教师：无优质课，无论文发表，无荣誉表彰。在学校工作了七八年没有获得一次县级或县级以上的荣誉，想来，也挺可悲的。这么说如果想使得自己的付出和获得相匹配，我只能什么也不做了。

于是，那些年，我停滞了成长，但仍希望有朝一日幸运会自动降临到我头上。

真的，幸运真的降临了。

当然，这幸运并不是什么大的荣誉从天上落下来砸到我的头上，而是，自己开始变化了，开始成长了。

事实上，我的内心从没有放弃过，只是，满心疲惫，燃烧的心被灰烬遮蔽了。

也是，我的人生没有遇到我的生命的点灯人。

也是，人的成长需要有人去点拨。

也是，人要经历苦难，才更懂得成长。

遇到了随笔化写作，遇到了新教育，遇到了新教育种子教师，让我拨开了灰烬，看到了重新燃烧的心。我开始渴望改变，渴望成长。我如一颗种子，在穿越泥土的黑暗，在享受岁月的芬芳，在渴望生命的绽放。

当然，我说自己开始成长了，并不是指自己成了优秀教师，并不是说我已获得很多荣誉和奖赏。我现在还是愿意称自己为"三无教师"。我一无所有，但我一直在奋斗。

不要因为那些"苹果"而放弃了自己的成长，那才是可悲的。记得有人这样说过：怀才和怀孕一样。你之所以没有被人发现，是因为你还不足够"大"，还需要成长。

我认为，教育就是形成"可爱教育的能力"——使一个人对自己的成就和挫折非常关心。这一点，在我看来，乃是教育的核心，是教育的最宝贵之点：使一个人想成为好人，想竭尽自己整个心灵的全部力量，在集体的眼里把自己树立起来，显示出自己是一个优秀的、完全合格的公民，诚实的劳动者，勤奋好学的思想家，不断探究的研究者，为自己的人格的尊严而感到自豪的人。

——苏霍姆林斯基

班级管理要有正气

培养正气的人，取决于正气的教育。

昨天，与一位同事吃饭之后在操场上散步。他去年和我同教六年级，今年送走了那批学生之后，我便去教四年级了，他接着带新一批六年级。他说：最近很郁闷。则接手的这批学生教得很憋屈。我很纳闷，便问：为何？你现在接手的这个班是原先很优秀的班啊，并且成绩比其他平行班高出很多。人家原来的老师辛辛苦苦地教了五年，学生那么优秀了，你凭空摘了一个好果子，还郁闷呢？

不说不知道，一说吓一跳。这个班级成绩好源于学生考试的作弊。同事说：班级成绩超好的一个原因是考试的时候学生之间互相帮助。因为原来的老师讲过，班上同学要团结，只有团结班级才能考第一。于是，在考试的时候学习好的同学会给学习差的同学递纸条，并且作弊水平非常高，旁观者不会轻易发现。

我很震惊！这个班的原带班教师，是我很敬重的一位教师，虽然年龄不大，但他一直兢兢业业地工作。怎么会说出这样的话，做出这样的事！我很是怀疑！

我虽然从未和那个教师同教过一个年级，但是我见过他的教学常规，学生的作业，还有他的备课，他对工作的态度。从这些方面来看，他是位认真的教师，不是那种投机取巧的人。

先前有位朋友受人之托来问我：那位教师水平怎么样？怎么光批评学生？家长想让孩子转班。我告诉他说：那位教师是最好最优秀的教师之一，要求严些是为了孩子好，千万别转班啊。

我不敢断定那位教师是否曾经说过那样的话。我希望那不是真的。如果仅为班级提高成绩而做出这样的事来，那是可耻的，对学生的危害也是巨大的！它会让学生认为不需要努力就能获得回报，会对学生日后的学习带来很严重的后果。

我带的班级成绩不是很好但也不是最差。但是我始终要求我的学生要讲正气。考试就是考试，不准抄袭，平时小考也不行。平时不认真学习，考试的时候抄袭别人的，那是偷窃行为。前不久，我还给孩子们讲"天道酬勤"，虽然不少孩子听得似懂非懂，但我希望并且相信未来孩子们终能明白，自己的收获要靠自己的努力来取得！我也曾经有过这样的心理波动：听说别班学生很多考试抄袭的，成绩可能会超过自己班了。我是否也要暗示学生抄袭呢？不！我很快打消了这个错误的念头。因为这样做会违背一个教师的良心。有人说：教育是良心买卖。建立正气的班，培养正气的学生，也正是教育的良心所在！

记得曾经看到这样一句话：如果教室里没有笑声，中国的明天就没有笑脸。同样，我也可以这样认为：如果教室里没有了正气，中国的明天就没有正气。

书写，不为立传，只为反观自己留下的一个个脚印，是否向着明亮那方走得端正；记录，不求扬名，仅图回望自己生命的枝头，每一季可有花朵绽放。

——《我是大西洋来的飓风》

让每一天变成文字

随意翻看网页，看到了潘新和教授写的书——《不写作，枉为人》。一看这个书名，感觉好犀利啊，一种被冲击的感觉。

我对于潘新和教授并不陌生，确切地说，对这个名字不陌生，因为曾经把他非常了不起的大作——一本有100多万字的著作《语文：表现与存在》买来想拜读。但是，囿于自己阅读能力有限，当时只是寥寥草草地读了部分，时至今日这本百万字的巨著还安然地躺在我的书橱里呢。

在书中潘教授谈到了"言语生命理论"：人的生命是"言语生命""写作生命"。因而，写作是人的确证、人生价值的自证。写作使人之为人，使人更像人：言语人、精神人、创造人。一切为了写作，通过写作彰显人的存在。

细细想来，潘教授讲得非常有道理。写作是人的确证。从生命的高度来理解人，人和动物的区别，就是言语。言语，天赋人权。而写作就是这种生命性的真正体现。

我们不得不走向历史，追溯中华的灿烂文化，这些璀璨的文化中哪一个鲜活的生命不是用文字、用写作记录下来的？正是这些作品让我们能够穿越历史的重重迷雾，能够亲切感受到那些伟大灵魂的温度：孔子"风乎舞雩"的自由快乐，陶渊明"采菊东篱"的悠然自得，范仲淹"先忧后乐"的责任与担当等等。

而每个人生命的禀性是不相同的，每个人的写作风格也各不相同。正是这些不同的风格使每个人有了不同的确证：或豪放，或婉约，或质朴，或清新。这些文字带着不同人的禀性密码被渗透于文字中，最终完成了一个个不同生命的确证。

我们再回到书名上来——不写作，枉为人。这让我们这些平民百姓，不是很喜欢写作，或者不经常写作的教师，有种如坐针毡的感觉。都活了大半辈子了，却"枉为人"了？而我们自诩为有点知识的教育者，有点文凭的知识分子了，更可谓为"不写作，枉为师"，真是芒刺在背啊。

写作对教师的意义，很多教育大家都有论述，他们都一致认为：教育写作是教师专业成长的必经途径。记得李镇西老师曾经有过这样的表述：20多年的教育成长经历告诉我，教师的写作，对于教师成长实在是有着十分重要的作用。比如，有许多教师是因为《爱心与教育》而记住了我的名字，我也因这本书而赢得了许多读者的尊敬，并渐渐被人称作"教育专家"。但其实只有我自己知道，我并不比千千万万的一些普通教师高明多少。常常在外面向同行们作汇报时，我总是说："其实，我和大家是一样的——对学生的爱是一样的，对教育执著是一样，所遇到的困难是一样，所感受到的幸福也是一样，甚至包括许多教育教学方法或者说技巧都是一样的！如果硬要说我和大家有什么不一样的话，那就是我对体现教育的爱、执著、困惑、幸福、方法、技巧的故事进行了些思考，并把它们一点一滴地记载下来，还写成了书，仅此而已！"

我读过李镇西老师的很多书，而这些书的内容都是李镇西老师和学生们鲜活的生命故事。李镇西老师即使当了校长，每天还是坚持教育写作，每天写上万的文字。这些活脱脱的文字就构成了李镇西老师几乎全部的教育生命和教育精彩。

我们不是教育名家，更不是教育大家，我们没有高深的理论，我们没有深刻的思考，我们只是平民老师一枚，我们还有必要写作吗？

季羡林老师曾经这样说过：我的工作主要是爬格子。几十年来，我已经爬出了上千万的字。这些东西都值得爬吗？我认为是值得的。我爬出的东西不见得都是精金粹玉，都是甘露醍醐，吃了能让人飞升成仙；但是其中绝没有毒药，绝没有假冒伪劣，读了以后，至少能让人获得点享受，能让人爱国、爱乡、爱人类、爱自然、爱儿童，爱一切美好的东西。

看了这些文字之后，我就自问：我写下的文字值得吗？我这一年多也写了不少文字，这些文字很多是废话，有很多重复的文字，也有很多是无病呻吟的。浪费了那么多课余时间，浪费了那么多休息时间，值得吗？还有必要写下去吗？

在追问中，我也渐渐明晰起来：我写作不是为了发表，不是为了著书立说，更不是扬名。"写下就是永恒"。时间像指尖上的水，哗地消失得音讯全无，而往事，那些教育生命的瞬间被文字珍藏起来，在某一天，会被某一个读者，也许这个读者只有你自己，使之在生命的枝头上重现。有人这样讲：我用文字来打败每一天。在时间面前，我们都是无法挣脱的弱者，而写作，让每一天在文字中依然流淌，面对那些逝去的时光，使我心安。

我不敢说"不写作，枉为人"，也不敢说"不写作，枉为师"，因为我没有这样的底气。但我们可以：让每一天变成文字。用文字来记录生命中的每一天，让文字来美丽我们的生命。"要写美好的文字出来，自己的行为也会变得更加美丽一些。"让我们经由写作让生命抵达更美好的境界。

写作不仅仅是单纯的写作，它应该与实践相随，与阅读同行，与思考为伴。实践是它的源泉，阅读是它的基础，思考是它的灵魂。任何教育者都应该同时又是反思者。二十多年的从教经历告诉我，不停地写教育日记或随笔，是教育反思很重要也很有效的途径。

——李镇西

听刘老师发言而引发的思考

　　有幸参加了在临朐举行的全国生态语文教育研讨会。会上成浩老师做了专题报告，让我脑洞大开。会后，小组中进行交流，宗顺老师的简短发言，也引发了我的很多思考。

　　刘老师一直是我非常喜欢、非常敬重的一位教师，他的从容，他的执著，他的博学，他的好玩，他的情怀，一直都让我非常赞叹。我早把他定为我的为师之师了。

　　刘老师讲到的第一个关键词应该是"打擦边球"（之所以说"应该是"，因为当时只是听，没有进行记录，现在凭回忆来阐述）。

　　对于这一点，我是非常认可的。总有些教师爱抱怨教育环境如何差，制度如何不合理，学校如何严格，总之，他们疲于应付，认为无路可走。于是，这些教师选择了抱怨和逃避，无所作为。

　　而刘老师却非常明确地认为，教师完全可以大有作为，当然，是在教师个体希望有所作为的前提下。

　　制度是死的，要求是死的，但人是活的，思路和想法是活的。教师可以在制度的允许范围内，找到自己的作为点，继而努力有所作为。刘老师举了他自己的例子：教育局不允许教师带三个以上学生出校参加活动。而刘老师的教育追求是让孩子们"读万卷书，行万里路"。但制度摆在那，不能不执行啊。于是，刘老师选择"打擦边球"，每次带三个孩子活动，规定是不准带三个以上，三或者三个以下没有提，那就可以带啊。刘老师的"擦边球"很精彩，既能实现自己的教育追求，又不违反规定。

以此为例，我们应该很欣然地认识到，教师可以有所作为啊。用刘老师的话说，我们可以做到：因地制宜，因校制宜，因班制宜，因生制宜。每一所学校，每一个班级，每一位教师，想为学生的终身着想，想做点事业，完全可以根据学校实际，针对学生的特点进行有意义的教育实践。退一步来说，关上教室的门，班主任和任课教师，就是班级的"国王"，你的决策决定了学生是否幸福，是否快乐，甚至会影响学生的将来。如果教师还抱怨无法作为，那就只有一个原因了，你不想有所作为。

打"擦边球"并不是一种消极应付，而是一种积极进取。如果教师都能像刘老师那样积极寻求教育的途径，孩子发展的机会，那么真是——教育大有可为。

刘老师讲的第二个关键词是教育的"三无"，即：教师无定语，学校无定语，教育无定语。

我也非常认可刘老师的这个观点。有多少教师都在深受"定语"之害。这些定语让教师加入了对名利的追逐，而淡化了对教育的探索和追求。很多教师工作的目的不是为了更好地为学生的一生奠基，为孩子的一生服务，而仅仅是为了晋级，为了自己的名——所谓的县优、市优。很多教师为"优"而"忧"，甚至不择手段地而"优"而"仕"。如一些教师的论文发表，这就是秃子头上的虱子——明摆着花钱买的，甚至不惜重金。试想，这样的追求，早就把学生抛诸脑后了，谈何教育呢？

学校也是，各个级别的各种评选，什么规范化学校，信息化学校，名目太繁多了，让学校和教师都疲于应付。一有检查或评选，全校上下开始打扫卫生，开始作秀。这样，对学校，对教师，对学生，何用之有？劳神劳力不说，更可怕的是，让造假的习气影响孩子。

"定语"之害甚大，对拥有"定语"者和没有获得"定语"者，都是一种伤害。它在异化教育，异化教师。最大的受害者还是孩子们。

当我阐述完上面的观点后，我在想，如果没有这些"定语"，教育是否就会趋向完美呢？我认为，也不是的。

如果我们认为没有定语教育就会走向和谐完美，实际上是在假设每一位教师都是认真负责，自觉自愿的。这是一个过于理想化的假设。

我想当初"定语"评定制度的出台，是为了调动教师的积极性，让教师们更加积极科学地研究教育教学，是为了调动学校的积极性，让校长等领导关注教育教学，为学生更好地发展谋求更好的条件。只是，在执行的过程中发生了异化。

另外，我们很多优秀教师、特级教师，的确在教育教学中起着模范带头作用。所以，如果教师没有了"定语"，一切平均化、大锅饭，也是对那些付出许多，对教育有着特别贡献的教师的一种不尊重。

这不是教育的进步，而是一种倒退。

我既说"定语"之害，又谈"定语"之利，是不是搬起石头砸自己的脚呢？不是的。在思辨中认识问题，我们或许才能更加清晰地认识问题。

另外，刘老师还谈到新教育。他说曾经听有的教师问：新教育是不是因为朱永新的名字中有个"新"，所以才叫新教育的？我当时听了感觉很汗颜。我在想，这样的教师实践新教育能做什么呢。我们去实践一种教育方式或者说模式，首先应该弄清楚它的内涵和外延，以及它的基本理念。

我也曾经不止一次听到有教师说：随笔化写作就是让学生随笔写啊，就是搞个活动让学生写，如此而已。听了这话，我真想好好和这些教师讲一讲。但是，想到这样粗陋的见识，我真没有解释的必要，我无语凝噎。

刘老师谈那位教师讲新教育的例子，是为了阐述教育是无"定语"的。或许他认为"新教育"的很多方法很好，但是不是"旧教育"也很好呢。我感觉刘老师对新教育的理解还是有误差的，新教育并不是否定旧教育，而新教育实践上也不新，最初源于19世纪末的欧洲。朱永新老师也曾经这样阐述过：新教育是一种传承，是一种呼唤。可以说，当一些理念被遗忘，复又提起的时候，它是新的……新教育之"新"，实践上是让教育返璞归真，回到教育的原点。

我说这些并不是标榜新教育，对新教育的认可如同我对随笔化写作的认可一样，仅仅是因为他们都是好的教育，都是着眼于教师和学生的发展的。

　　我记得刘老师曾讲过"三分之一"原理。当一种教育主张或者办法提出来之后，三分之一的人不会做，三分之一的人看别人做再做，三分之一的人带头做。实际上对于一个问题的认识，这个原理也适合，有不少人不认可，有不少人不理解，都是正常的。

　　因为刘老师发言的时候只是很简单地讲，并没有详尽地阐述，所以我的理解也可能不深入，也可能有偏颇。古人云"夏虫不可以语冰"。的确，很多时候，我们的视野、我们的格局决定了我们的认识，我们过去认为不对的，当有了一定的经历和认识之后，才知道那是先进的，是科学的。所以，我以敬畏之心学习，只因才疏学浅。

> 没有课程开发的教室是失去主阵地的教室，是把"教育"沦丧为"治人"（而不是培育人使之成长）的教室。
>
> ——干国祥

谈积极班级管理

明天，学校要安排部分班主任座谈，谈一谈下学期的德育和班级管理问题。我这么一个嘴拙而且反应慢的人，应该早些做准备，不然晾了场可不好。当然，我想的这些东西，不一定符合主题，不一定会派上用场，但写写也好，梳理一下我对班级管理的认识，算是对近期读书的总结。

暑假时学校曾召集了部分教师，研讨学科教学模式。当时，我没有思考学科教学模式，而是在想：我们的班级管理不可以有模式吗？尽管有不少人说，班主任具有艺术家的属性，班级工作具有创造性，最忌讳模式化。

但，同样，教学也是门艺术，为何人们现在都在积极倡导模式教学呢？模式对于很多像我们一样刚刚入门的年轻教师来说是很有意义的。不至于让我们这些新手"瞎舞划"，一直在"门外"彷徨。

我读过不少人的班级管理史，结合自己的经历，我以为大多班主任都要经过三个阶段。

第一个时期，我们暂且叫它"亲密无间期"。新老师刚参加工作，第一次当上班主任，和学生那个亲啊，关系打得火热，融洽得像蜜似的。但是，不久问题就来了。学生来学校不是光玩啊，还有学习任务。班主任突然发现孩子们不听话了，他们管不了学生了。班级那个脏、那个乱啊，课都没法上了。此时，很多班主任的工作热情会大受影响，会有很大的挫败感。这是一个让人伤心的开始。很多教师感到学生不可理喻，不喜欢学生了，甚至不少代课教师，带着这种伤心的情绪离开了教育。

当然，更多留下来的教师会进入第二个时期，我们暂且称为"训骂严打期"。有了初期的教训，很多班主任会走入另一个极端，开始大声训斥责骂学生。学生一犯错，教师就批评学生。教师的心情很糟糕，这种糟糕的心情又会影响对学生的态度。教师感觉自己为学生操了很多心，但是学生并不领情，师生关系很紧张。

随着班主任阅历和经验的增加，不少班主任就会进入第三个时期，即"宽严相济期"，班级工作有条不紊，学生也比较喜欢这个时期的教师。良性循环，这一阶段的教师也很喜欢班级和学生，有职业认同感，有职业幸福感。

写到这，我想到了《菜根谭》里的这么一句话：恩宜淡而浓，由浓而淡者，人忘其惠；刑宜浓而淡，由淡而浓者，人怨其酷。很经典的一句话，对我们的班级管理很有意义。第一个时期或第二个时期的班主任就是犯了这句话中提到的错误。

有点偏，还是说模式。如果有一个好的班级管理模式，就会让很多班主任能快速地适应班主任工作，比较快地进入第三个时期。

于是乎，为了构建这么一个模式，假期里我读了李镇西的《做最好班主任》，读了陈桂生的《聚焦班主任》，还有王君的《班主任与幸福生活》……当我在读雷夫的《第56号教室的奇迹》的时候，我发现一个更好的宝贝——课程。

雷夫的第56号教室，堪称完美教室。孩子们总是那么温文尔雅，那样有礼貌，那么助人为乐，就像一个个雷锋（注意是雷锋，不是雷夫）。在他们班中，孩子们都有伟大的理想和高远的追求。为何雷夫能做到这些？他的学生也是生活在类似贫民窟的学生啊，家庭环境并不好，许多学生个性乖张，习惯很差。为何他们能变成近乎完美的孩子呢？是课程。

雷夫在巨大的职业认同下，开发了很多卓越的课程。例如以劳伦斯的"道德发展六阶段"为基础的人格道德课程，电影课程，旅游课程，共读课程，等等。

新教育要求晨诵午读暮省，提倡每月一事，这些都是儿童课程。我曾一直不理解，有课本了还需要这些课程干啥？此时，我对新教育提出的儿童课程心怀敬意了。有人如是说：没有课程开发的教室是失去主阵地的教室，是把"教育"沦为"治人"的教室。或许只有这些伟大的课程才能把孩子带向更高、更远的地方，让每一个生命朝向美好。

许多事情我们不理解，我们想当然地认为那有什么用啊，很可能是我们没有找到理解点，或者我们根本没有达到那个高度。

暑期末，我有些焦虑，我在想：新学期我该怎样开展我的班级管理工作呢？快开学了，我处于开学前的焦虑期。上学期，我在班级做了道德建设，开学第一课"让别人因为我的存在而感到幸福"，效果并不好，因为我只是提了口号，没有设计好具体内容。这个学期还做吗？怎么做？我没有头绪。

课程出现了，这是很好的切入点啊。

具体怎样做，我还要细化。此时，有点思路了，窃喜。焦虑之后的窃喜啊。

还有窃喜之事，就是不小心成了新教育的预备种子。虽然现在不是真种子，但必须埋在土壤里才能生根发芽啊。我必须扎根于教室这片肥沃的土壤。儿童课程也是必须做的。

似乎又跑题了，开始一直谈论班级管理模式，又费了好多的口水说课程。

班级管理模式，实际在开始的时候，我有所构建，叫做"外显有规内涵有德班级积极管理模式"。我曾经在一次交流中讲过什么是"外显有规"和什么是"内涵有德"。但是，还有一个关键词我忘记说了。

那个关键词，是"积极"，或者说是"积极管理"。为何"积极管理"是关键词呢？请允许我以再跑题的形式来赘述一下。我们的管理很多时候都是被动管理，是班级发生什么事处理什么事，管理者一直处于一个被动状态，他的着眼点总是"问题"。而积极管理是更上位的东西。或许，可以来个比喻。班级就像一个身体，班级管理就像身体的免疫系统。我们的被动管理所关注的是"问题"，是"疾病"，于是在身体上会有层出不穷的疾病。而我们的积极管理则是正方向的引导。好比是主动锻炼身体，提高自身免疫力，而走向健康。此时，还会有"问题"，但是"疾病"已经不是焦点了，而是健康。积极管理的态度和管理的方法就是班级的"正方向"，班级会健康发展，不会像很多班主任一样，成天处于"救火""灭火"状态。

而课程的开发和运用无疑是这种积极管理的伟大体现。像雷夫的电影课程、舞台剧课程，都是教师带领着孩子在美好中穿越，走向美好，不是盯着班中的"问题"。或许，此时，问题已经被美好的事物和思想消融了。

说到雷夫，说到管理，我又想到了克拉克，他和雷夫一样都是全美十佳教师。我刚网购了他的《优秀是教出来的——创造教育奇迹的55个细节》，才读了序言，内文还没来得及看，我从这个题目可以武断地认为，他提的更多的是积极的制度管理。或许适合我的，更好的，更积极的管理模式是"雷夫＋克拉克"，就好比中国的"李镇西＋魏书生"。李镇西管理四个字——心灵教育；魏书生也是四个字——科学民主。

不啰唆了，跑题万里了。总是捋不顺。这只是班级积极管理模式的一些粗浅的想法，有了这样的思考，细节再慢慢地填充和修正。

> 父母的一言一行，是孩子的教科书；父母的精神高度，是孩子成长的天花板。
>
> ——童喜喜

从"书香门第"谈起
——家长要成为学习者

当今社会，家庭教育越来越被重视，名目繁多的教育方法和教育书籍也随之而出。窃以为，家庭教育最根本、最有效的方法在于：家长自己成为学习者。

每当谈到"书香门第"，很多人的语气和目光中都会流露出羡慕之情。羡慕什么？羡慕书香门第中的孩子有修养，将来有出息。实际情况也真是这样，举几个书香门第的例子：陈宝箴、陈三立、陈寅恪祖孙三代，钱锺书家族，冯友兰家族，梁启超家族，傅雷、傅聪父子，杨武之、杨振宁父子等等，这些都是大人物的例子，而我们的身边这样的例子也可谓不胜枚举。

书香门第教育成功的秘密究竟在哪里？实际上从"书香门第"这个名称中我们就能够破译出家庭教育的密码，那就是"书香"。书香门第把读书、学习、修养作为家族的表征，通过这种书香家庭氛围的熏陶，让孩子有修养，最后有建树。实际上这个名称中另外的关键词"门第"，常被人们所忽视。"门第"，如果单列出来解释是指：家庭或者家族的地位。但是放到这个词语中，我所理解的是，它所传达的是一种传承关系，是世代相传。

而这种传承是谁来完成的，就是各位家长。家庭是孩子最重要的成长环境，父母的一言一行对孩子有着决定性的教育意义。儿童时期是孩子潜意识形成的关键时期，而潜意识将左右孩子未来思考和看问题的角度和态度。这些潜意识何处而来，正是父母的言传身教和一言一行。所以有人讲："父母的一言一行，是孩子的教科书；父母的精神高度，是孩子成长的天花板。"父母自身的要求和自身的成长是孩子成长的最好教材，孩子天天跟父母在一起，父母会成为他们模仿和学习的榜样。而这种模仿和学习会如一粒种子一样，扎根于孩子的心中，成为孩子成长的最大内在动力。

一些家长希望自己的孩子多读书，但自己每天都做不到在书桌前坐上半小时，却奢望自己的孩子养成读书习惯。有的家长望子成龙、望女成凤，希望自己的孩子一飞冲天，而自己却无所追求地浑浑噩噩于电脑前、麻将桌、饭桌上。一些家长反对孩子玩手机，自己却是个标准的低头族。家长的优秀品质，终将影响孩子，而且贯穿一生。同样，家长的消极处事的态度也会第一时间传递给孩子，或许，孩子还小，还没有被发现，但终将被深刻地展示出来。

各位家长，面对"书香门第"，请别再仅仅流露出羡慕嫉妒恨了，让自己先成为学习者，去成长，让自己走得更远，站得更高。这样，才能让孩子站在你的优秀品质上，自然地成为学习者，去超越，去成为最好的自己。

定好自己的椅子

又到了教师招聘的时日了，很多毕业生会通过笔试、面试、讲课等严格选拔环节进入教师这个行业，成为一名光荣的人民教师。

但是，很多行业都像是围城，内部的人想出去，外部的人想进来。很多新教师好不容易进入这个行业，一两年的新鲜之后，就厌倦了教师这个职业了。教师这个职业累苦不说，还有解决不完的班级问题，应对不完的考试检查，上面的领导得罪不起，下面的学生也得罪不起，稍不小心，来个人民来信会让你焦头烂额……于是，很多年轻教师就产生了这样的想法——跳出这个行业。

不当老师做什么呢？很多年轻教师把目光转向了微商，开始偷偷地做第二行业，还有的年纪轻轻就迷上了养生之道。但是，忙碌半天之后发现，这些行业也无法实现个人价值，反而会干扰和影响自己的日常生活和工作，消耗自己的黄金年华。慢慢地，这样的浮躁生活，让有些教师没有了进取的动力，浑浑噩噩，在哀叹抱怨中消极应付，度日如年。

记得意大利著名男高音歌唱家卢西亚诺·帕瓦罗蒂年轻时也就读于师范，毕业时，他问父亲是当教师还是向歌唱家努力。父亲回答他：如果你想同时坐两把椅子，最终你只会掉到两个椅子之间的地上，你应该选定一把椅子。帕瓦罗蒂背水一战，选择了歌唱。他忍受了一次又一次失败的痛苦，经过七年学习，终于第一次正式登台演出；又用七年时间，得以进入大都会歌剧院。我很钦佩帕瓦罗蒂的选择，尽管他没有选择做教师。要是帕瓦罗蒂选择做教师，而又梦想着做歌唱家，那才是一种可悲，既是他学生的可悲，也是他自己的可悲。

我们的年轻教师，在工作之前，是不是也应该先好好选定自己的那把椅子？是从事教师这个行业，还是另谋出路呢？做好选择，是迈好职业生涯的第一步。有人说：如果对自己的职业生涯不满意，有两个办法可以选择，一是改变职业，二是改变心态。

如果不能改变自己的职业，既然选择了"教师"这把椅子，就应改变心态，积极投入到自己的工作中。海德格尔说过：以什么为职业，就是以什么为生命意义之所托。选择教师这个职业，就应该以教育作为自己生命之所托。像李镇西、于永正、王开东等等很多教师不正是通过教育教学充分展现了自己的生命价值吗？

要做教师，那就全心投入自己的工作吧，你不知道明天的海潮会给你带来什么，但是，请你相信，只要你忘我地投入工作，幸运就会悄然而至，你会在努力工作中获得自己的人生价值！

我自己就是一个很好的例子，工作的头几年，可以说有近十年的时间，没有选好自己的椅子，总是朝三暮四，直到遇上新教育，那些新教育榜样教师的故事给了我一次精神的唤醒和回归。我开始耕耘于教室，和孩子们一起游戏、一起玩乐，我忙于阅读、写作，给孩子们做课程，那段时光，真正难忘与幸福。两三年时间里，我写了一百多万字的教育随笔，记录了那段美好的日子。我从一个自谓"三无"教师，成长为小有名气的"明"师。我明白了应该如何做教师，如何做班主任，在学生获得成长的同时，我也获得了成长，得到了学生、家长、学校的认可，获得了成长的愉悦和自我实现的快乐！

年轻的老师们，工作了，祝福你拥有了一项极富挑战性的工作，也祝福你拥有了一项很有意义的工作。请你相信，只要你心无旁骛，坐好自己的椅子，像"犟龟"一样，只要上了路，就不断地走，一定会遇到自己的人生庆典的！

> 完备的社会教育是：学校家庭教育。若只有学校而没有家庭，或只有家庭而没有学校，都不能单独地承担起塑造人的细致、复杂的任务。
>
> ——苏霍姆林斯基

让家长成为班主任的"铁杆粉丝"

家庭和学校是孩子成长最主要的环境，也是对孩子进行教育的两大主阵地。家庭教育和学校教育的最终目的都是一致的，就是把孩子教育好，培养好。而在现实中，家长和学校在很多情况下却是对立的，好像家长和学校及教师之间有着不可调和的矛盾。如何让家长和学校及教师合作起来，一起把孩子教育好呢？我做了以下探讨：

一、善用家长会形成家校教育的合力

家长会是班主任和家长沟通交流的一种很重要的方式。家长能来参加家长会本身就是对孩子在校学习情况的重视。能把全部家长集合起来召开一次家长会，这样的机会不是很多，一定要利用这个机会和家长达成共识。

带一批新学生召开的第一次家长会，我总要和家长探讨这样一个问题：我们召开家长会的目的是什么？我们的关系是什么？

很多家长都能说出召开家长会的目的是为了更好地教育孩子。但是谈到班主任和家长的关系，很多家长却说不出来。我说，不论你的身份如何，在家长会上，在教育孩子方面，我们都是孩子的教育者，我们应是同事的关系，是"战友"的关系。我们的目的都是为了孩子能健康快乐地成长，所以我们只有合作，只有站到一个点上一起对孩子进行教育，我们的教育才会更有力。

但是，很多时候家长并不会全力配合学校进行教育，而是起到相反的作用。这样说很笼统，举个例子：学校安排学生每天晚上干一件家务，孩子按要求去做的时候，很多家长却会这样说：干什么家务啊，你闲着没事还不如利用干家务的时间多写点英语单词，多做点数学练习题呢。这样，学校的要求就白费了，教育的目的就达不到了。让孩子干家务可以培养孩子的自理能力，更重要的是培养孩子的责任心。现在很多独生子女家庭对孩子宠得厉害，几乎不让孩子干力所能及的家务。做家务能培养孩子的责任意识。没有责任心表现出来的是对家庭、对自己的不负责，表现出来的是以自我为中心，表现出来的是懒惰。一个懒惰的孩子，一个不肯付出努力的孩子，学习能好吗？过去社会上有这么一种说法：5+2=0，现在这种现象依然存在。学校辛辛苦苦教育上五天，周末两天的家庭教育就把学校教育成果抵销了。这样带来的教育无效性，受伤害的是谁？是孩子。所以，我告诉家长：学校安排孩子任务的时候，你首先要做的就是执行。如果你不理解你可以给我打电话和我沟通，我一定会给予你解释。学校安排一项活动，一定是有教育目的的。家长应配合学校完成这些工作，受益的是孩子，受益的也是家长。当然，如果家长在教育自己孩子方面有什么特殊的要求和想法的时候，教师也会积极配合家长，让家长的教育更有效。

每次召开家长会之前，我还会告诉学生：可能别的班主任开了家长会之后，家长会训斥大家，甚至会有一场打骂。但我开了家长会之后，家长会更关心你们，会更爱你们。家长会上我也会告诉家长：有的班主任召开家长会可能会训斥大家，责备大家。我召开家长会是给大家鼓劲的。"教育孩子实际就是一个信念，当全世界的人都瞧不起你的孩子的时候，你要站出来，成为一个给你孩子鼓励和鼓劲的人。"如果你都不想拯救你的孩子，你还想指望别的什么人呢？训斥孩子、打骂孩子是教育不好孩子的，这已经是被很多实践证明了的。

"说你行！"多多鼓励孩子，这个每位家长都应做到，但是很多家长确实做不到。

"帮你行！"给予孩子正确的引导，如果引导不了怎么办？和孩子一起读书、学习啊！"孩子就一定会赢！"

家长很赞同我的观点，知道班主任所说所做都是为了孩子好。每次家长会都收到了很好效果，会后很多家长主动发短信和我沟通，谈如何教育孩子，谈孩子的变化。教师要通过家长会和家长变成"战友"，变成"同事"，站到一起，形成合力一起教育孩子，一起托起明天的太阳。

二、"班级最新战报"给家校合作添动力

家长都希望能够及时了解班级的情况和孩子在校学习情况。我就利用飞信定期或不定期地给家长发"班级最新战报"，满足家长的需求，也使得家长能够和孩子们同欢喜，共忧愁。

（2014.10.28）最新战报：告诉家长一个好消息，郝校长在周一升旗式上表扬我们了，说我们路队整齐，学生精神面貌好，班级有凝聚力。这在学校历史上是绝无仅有的。全校53个班，校长从来没有这样当着全校的面表扬过任何一个班，我们班是第一个。这得益于我们班小班委的认真负责，得益于全体同学的进步和改变，得益于家长的支持。谢谢大家！

（2014.11.10）最新战报：各位家长好！很不幸，运动会上我们班的成绩很差。尽管同学们都尽力了，尽管为了让班级成绩能更理想些，在学生们跑最后一圈的时候，我拼上150斤的老命，和孩子们一起跑，累得腰酸背痛。但这一切都没有改变我们是倒数第一的命运，孩子们回到教室有的都哭了，我也很伤心。孩子回家之后，还请家长多多安慰孩子。谢谢！

家长回复说：宋老师，你也辛苦了，只要大家都尽力了就最好了。有的说：宋老师，也别太在意这一次成绩，每个人都有长处和短处，班级也是有擅长和不擅长的。尽管运动会我们失败了，但是我们班演讲比赛不是第一吗！

班级最新战报，能第一时间让家长了解到班级和学生的情况，使得家校沟通更具有活力，家长也能及时配合对孩子的教育和管理。

三、给家长写信，让家校合作更给力

"致家长的一封信"，能够把班主任的教育理念和思想以及一些教育方法，用文字的形式传达给家长，让家长更加了解班主任，更加了解班级。以文字的形式留在家长手中，更利于家长配合班主任进行教育活动，也让一些在教育孩子方面有所欠缺的家长，以及渴望获得教育孩子方法指导的家长能有一些学习的材料。这个学期我坚持每月都给家长写一封信，10

月的《让书籍伴随孩子成长》、11月的《让经典夯实人生》、12月的《家庭教育是孩子成败的关键》，这些都得到了家长的积极回应。下面是我12月写给家长的信——《家庭教育是孩子成败的关键》：

各位家长好！好久没有和各位家长聊一聊了，这次和大家聊的话题是家庭教育。我当班主任已经有五六年的时间了，通过几年的观察和思考，我越来越感觉到：小学阶段的家庭教育是孩子成功与否的关键。我这样讲并不是推卸责任、逃脱责任，我从不否认学校教育的功效，但教育的关键还是家庭教育。如果家长抱着"教育孩子是学校的事，我交给学校就没有我的事了"这样的思想，您就错了，并且是大错特错了。换个角度讲，一个教师面对的是一批又一批的学生，而您的孩子对于您来讲，是您的唯一，甚至是您的百分之百。教育的成功与否将伴随孩子一生。

前一段时间我去上海培训，华师大赵才欣教授谈到：在小学阶段家庭教育是关键，在中学阶段学校教育是关键，高中和大学阶段社会教育则是最重要的。我认为很有道理。在小学阶段家长对孩子教育的重视程度会直接通过孩子的行为和学习反映出来。

实际上，每一个孩子都需要呵护和帮助，但是一个教师要面对五十多个孩子，他分到每一个孩子身上的情况是有限的。而家庭教育恰恰相反，是两个家长对一个孩子的教育，是百分之二百的教育，这样的教育应该是更有力的教育。

上面我所讲的是家庭教育的必要和重要，那么如何教育孩子呢？

先讲一个我亲身经历的例子吧。2012年我带的毕业生中有一个叫李丽晨的孩子（由于是正面例子，我也不妨写真名了），四年级我刚刚接班的时候，她经常不写作业，成绩也很不理想，中下游的样子。由于比较文静，我也没有过多难为她，一不完成作业我就让她补上，她在班上也一直没有什么起色。一次家长会上，她妈妈来得比较早，我就主动找她了解一下情况，孩子为何经常不完成作业。我问她是不是家中发生什么事影响了孩子。她妈说着说着就哭了，原来她们母女关系很糟糕，孩子才四年级妈妈就管不了了，干什么都和大人对着干，母女关系就像仇人一样，经常闹别扭。

随着家长的陆续到来，我无法和她聊太多，就建议说应该从改变母女关系开始，多和孩子商量一下，和孩子做朋友。在全体家长会上，我还是强调那几个主要问题：一是家校要合力教育孩子，二是一定让孩子多读书，三是教育孩子是一种理念。最后我又补上了一点：当你感觉管不了你的孩子的时候，就是你该读点关于如何教育孩子的书的时候了。

　　会后，我不知道丽晨妈妈读没读育儿书，但是我从孩子身上感觉到她的家庭关系融洽多了，丽晨开始写作业，慢慢变得很认真，最后成了我们班的"写手"，她的大作经常被作为范文在班上读，成绩更是喜人，进入了班级前五名。

　　对于李丽晨，我没有多做什么，我认为孩子的改变源于家长的改变和家庭关系的改变！一个好的家庭教育源于一个平等对话的家庭关系。对孩子不能溺爱，也不能苛责。溺爱是家庭教育的最大杀手，许多孩子的问题都源于家长对孩子的溺爱，很多家长对孩子的教育很不理性，要么宠得无法无天，要么就大骂一顿。孩子有点委屈就受不了，和别人大吵一架，使得孩子没有责任意识，使得孩子没有处理问题的能力。家长不让自己的孩子去解决，更不从自己的孩子身上找原因，偏袒自己的孩子，让孩子没有了责任意识。家长要做孩子的大朋友，做孩子的精神引领者，要帮助孩子认识自己，改变自己，提高自己。

　　谈到这里，我又想到了咱们班杨玉洁的家长，她与杨玉洁经常以写信的方式交流，这种方式很适合孩子的年龄特点。孩子们年龄虽小，但已经发展到渴望被尊重，被重视的年龄阶段，他们开始有自己的内心世界，不希望大人都用要求的方式去让他们干这干那。写信无疑是家长对孩子尊重的一种表现，也是沟通的很好的方式。在崔利斯的《朗读手册》中有这么一句话："你或许拥有无穷的财富，一箱箱的珠宝与一柜柜的黄金。但你永远不会比我富有——我有一位读书给我听的妈妈。"或许多年之后，这一封封信将是伴随孩子一生的财富！

　　去年，我读了一本关于教育孩子的书——《培养真正的人》，里面有这么一段话，值得我们反思：

　　如果一个孩子生活在批评中，他就学会了谴责。

如果一个孩子生活在敌意中，他就学会了争斗。

如果一个孩子生活在恐惧中，他就学会了忧虑。

如果一个孩子生活在怜悯中，他就学会了自责。

如果一个孩子生活在讽刺中，他就学会了害羞。

如果一个孩子生活在嫉妒中，他就学会了嫉妒。

……

我们想要一个什么样的孩子呢？请从我们的改变开始。这本书应该不是很容易买到，我这里有一本，如果感兴趣的家长可以拿去读一读。

讲了这么多，似乎有点把家庭教育搞得神乎其神了，其实也很简单，希望家长也读点关于教育孩子的书，对教育孩子有点自己的想法，别太盲目了，把孩子当宠物来养。我想最好的方法还是和孩子一起读书，如果能坚持做到这一点，其他方法都是雕虫小技，这才是大法、大道呢！

各位家长，你们孩子的班主任是不是太啰唆了？写下这些文字用了我三四个小时的时间，如果对您教育孩子有一丁点儿用，也不枉费我这三四个小时了。好了，祝心想事成！

下面是部分家长的回信：

宋老师你好！当我在看你发的信息时，我是用心在看的。谈起孩子的教育，我是个失败的母亲。孩子从出生由他爷爷奶奶一直带到六岁，在孩子的教育上我和他爸爸现在无从下手，我们很渴望有人能和我们多谈谈孩子的教育问题。看了你的信息之后我发现了自己的不足之处，我这才明白孩子现在的学习问题家长有着不可推卸的责任。教育孩子首先要从自身做起。我由衷地说一句：孩子有你这样的老师是荣幸。很渴望多听听你谈谈孩子教育方面的知识，你不但教育了孩子，做家长的我也从你这里也学到了不少东西。谢谢！！！你辛苦了！！！

杨玉洁妈妈：老师，看了这些文字之后，我最大的感触是您这是为了孩子，为了他们的将来。谁不想利用周末陪陪自己的老婆孩子啊，我们谢谢您了！我觉得从小培养孩子的责任意识是非常有必要的。现在孩子大多是独生子女，什么都是家长包办，真是爱之害之啊！我想您说的家庭教育应该就是培养孩子的好的学习习惯，言教不如身教啊！我有和她通信的想法是因为看了龙应台的《亲爱的安德烈》一书，有了和她通信的冲动，也是您鼓励了我才付诸行动的。谢谢您！

　　我并没有要求家长给我回信，但还是收到了二十多个家长的回信，虽然有些只是"宋老师你辛苦了！""宋老师我们支持你，谢谢你！"这样简单的话语，但也足以说明家长对班级工作的认可。有的家长与我的朋友或同事认识，家长在他们面前称赞了我一番，说：宋老师真有方法，真了不起，孩子都成了宋老师的"铁杆粉丝"了（赵明杰的家长）。宋老师真好，家里孩子很喜欢他（刘一鼎的家长）。每每听到这些背后的真诚表扬，我都是会心一笑。只要我们真心为了孩子，用心去教育孩子，我相信家长一定会成为我们最忠实的支持者，成为我们的"铁杆粉丝"。

判断一个人品位的高低，有两个标准：一是看业余时间怎么度过，二是看接触什么样的人。

——李镇西

点亮自己

2014年遇上新教育，我当时的心情就像热恋一样，一见钟情，激情澎湃。半年多的时间，跟着新教育的同仁们学习了很多，也实践了不少课程。而进入2015年，如热恋之后的激情退散，现实的骨感以及自己的懒散，我开始失去了原来的节奏。有时候也很自责，但是在忙忙碌碌中就是找不到最初的激情和动力。于是乎，渴望能参加新教育方面的培训。于是乎，五莲，我来了。

五莲之行，寻找榜样，寻找动力。

四天半的学习让我收获很多，为很多优秀教师的专业和忘我的精神而感动，也为自己能成为新教育团队中的一员而感到幸运和幸福！

那次培训是允许参会教师带孩子的，并且，更重要的是新教育项目组也为孩子们准备了精彩的课程。说真的，当我最初知道项目组允许带孩子的时候，第一感觉是带孩子去培训，一定会影响培训效果。于是我没给自己的孩子报名。没有想到项目组这么用心，挑选了项目组中优秀的教师给孩子们上晨诵，读绘本，看电影，还有课本剧、足球、乒乓球等课程，真是令人感动。最最重要的是，给孩子们上课的老师都是种子教师中的榜样教师，都是我仰慕已久的，如日月冲天、吕诗凡、蓝色海洋、河南麦子等等。我的孩子若能在他们的门下学习，应该是多么幸运的事情啊！我也红眼了，后悔自己没把孩子带去。期待明年吧！

第一天，由于日月冲天老师和绿芽儿老师都要上台领奖，我便到低二班先替他们带了一会儿孩子。当时，心情挺矛盾的，一是要和孩子们玩好，二是特别想知道不远处的会场里是怎样一个情况。我真有些望眼欲穿啊。

所以，虽然我错过了喜喜老师的致辞，错过了朱教授的报告，有几许遗憾，但我却更能体会到那些义工们，那些为孩子们上好几天课的老师们的伟大，牺牲自己的学习时间和机会，让大家更加安心地学习，真应该为他们的无私点赞！

四天半的课程对我来说，可谓是精神盛宴。让我最最感动的还是我们的飓风大姐。飓风大姐的报告我不是第一次听了，但是这一次我看到了更加本真的飓风大姐。她的专业，她的真诚，她的热情，这些都非常值得我学习。

海洋老师上完课之后，飓风老师冲上台，追问孩子们：你们学会了吗？你们学会了什么？通过对交集点的不断追问，激起了孩子们的思考，课堂开始闪烁着思维的火花。

飓风老师还给我们做了《钻研文本　直达目标》的报告，结合她上的课，让我对报告有了更加深刻的理解，对我以后的教学非常有借鉴意义。

飓风老师还和我们共同研读了《织梦人》，和我们分享了晨诵课程和共读课程的基本流程，对我以后实践新教育的这些课程，都非常有价值。

有时候看到飓风老师在台上，对台下教师不积极地提问和回答问题不能回答到要点上有些着急，着急，可见飓风老师的真诚。就像蓝玫老师所说：飓风老师没有把种子教师看作外人，真心希望我们这些老师们通过这样的培训学有所得，对自己的新教育实践有所帮助。我还注意到一个细节，当培训进行到第三天的时候，飓风老师的嗓子嘶哑了，她为了新教育，为了种子教师们，非常拼啊！有这样的大姐，有这样的榜样，我有何理由不认真地学习和实践呢？

我还敬佩飓风老师的专业，无论是理想课堂，还是晨诵、共读，她都非常专业。专业何其难啊，有几个老师敢说自己达到专业？飓风老师不仅有专业的实践，也有专业的理论阐述。怀特海的哲学三步：浪漫、精确、综合。飓风老师的这些课程都达到了精确和综合，我想她的教室里的孩子们的生命是润泽的，是朝向卓越的。飓风老师的学校一年级入学新生有

200 名左右，其中有 180 多名孩子的家长都要求进入飓风老师班学习，这也就不足为怪了。

　　五莲之行，感动于新教育的人和事，学到了知识，增强了动力。让我感到幸福的事是，见到了很多仰慕已久的老师，如我们的组长——一抹轻风老师，日月冲天老师，东方神鹿老师，永爱之秋老师，郭良锁老师等等，我还认识了蓝馨舞老师，天微晓老师，武歌老师等等。并且，我还结识了一群可爱的孩子们，在替日月冲天老师管理孩子们的时候，我就喜欢上了这些孩子们。低二班一共 16 个孩子，分成两组，每组一至八号，我就成了他们的九号。当我脱离队伍时，孩子们都会提醒我：九号你跑哪儿去了？九号回队。我便乖乖地回去了。也许正如陶行知所言：你想成为孩子们的老师，你首先要先变成孩子。孩子们对我这个"乖孩子"也是偏爱有加啊。他们都亲切地称我为"小猪老师"，有的干脆就叫我"小猪"。见到我就牵着我的手，抱着我的胳膊，甚至坐到我的腿上。他们用彩纸剪了很多心贴到我的衣服上，放到我的书包里，让我幸福得不得了，让其他老师也羡慕得不得了。分别的时候，有的孩子制作了纪念卡送给我，让我感动万分。

　　带着满满的幸福与感动，我结束了五莲之旅。对于这场精神盛宴，我还需要慢慢地吸收、学习，更重要的是我以后的践行。喜喜经常讲：点亮自己，照亮他人。对于我来讲，现在更重要的是——点亮自己，让自己先成长。新的学期已经在向我招手，我将重振旗鼓，追寻榜样，继续行走在新教育的路上。

> 校长对学校的领导，首先是思想上的引领，其次才是行政上的领导。
>
> ——苏霍姆林斯基

一个好校长就是一所好学校

今天有位校长（由于未经过他的允许，不便公布他的姓名，怕带来些不必要的麻烦，毕竟是有公职在身的校长）给我打电话，和我聊了许久，话语中对我很是赞许。

和这位校长素昧平生，甚至，我这个孤陋寡闻的老师连他的大名都没有听说过。我是小学老师，他为中学校长，交集很少，没有听说的可能性也比较大。

他为何找到我和我聊天呢？源于他读了我的博客。前一段时间还因为读了我的博客，他给我留言，很认同我写的不少文章，让我有机会去他们学校做报告。

今天，他又亲自打电话给我。

我真是受宠若惊啊。

一个中学校长，能给我这个无名的小学语文教师留言、打电话，对我来讲，也可谓无上的荣耀啊。

窃喜过后，感受到的是这位校长对教育的那份情怀，对教育的那份热爱，对教育的那份责任。

一个认为自己高高在上的校长，是不屑于给我这样的小老师打电话，谈教育的。

而通过这位校长的行动背后，我所能认识到的，是他对这份教育事业的孜孜以求。他希望通过他的探寻，能帮助教师更好地成长，能让孩子更快乐健康地成长。这是一份教育的良心，他没有把教育作为自己争名夺利的工具。教育是一门特殊的职业。我不敢说这是一门崇高的职业，因为崇高会让人们陷入自我陶醉中，而使这份事业变得不再崇高。特殊的教育对象，特殊的教育过程，要有特殊的教育方法。需要教育者更加专业，更加精细。需要教育者不断学习，需要教育者的生命在场。而如果教育领导者把教育当成自己争名夺利的工具，则危害性是巨大的，大大超出了别的行业。

可以说中国的教育面临着许多问题，但正是有这些把教育当事业来做，为这份事业殚精竭虑的校长们不断地探索，才使得中国教育呈现出一片片生机。

没有教师的成长就没有学生的成长，没有教师的发展就没有学生的发展。同样我们可以说：没有校长的成长就不会有大多数教师的成长，没有校长的发展也不会有更多教师的发展，进而也不会有更多孩子快乐幸福的成长。每个人都是环境，而校长这相对大的环境，会影响更多人，会影响带动更多的教师。所以我们说：

一位好校长，就是一所好学校。

一个好校长就是一所幸福的学校。能幸遇这样的校长也是教师和学生的幸福。

莫让孩子作业太依赖手机

儿子回到家，兴奋地告诉我，他们的数学作业也可以用手机做了。看到儿子的新奇劲和高兴劲，我心里却有几分担忧。

对孩子使用手机，大多数家长应该和我一样，都是有限制的。但是，老师安排的作业都在手机上完成，孩子就离不开手机，这可怎么办？

随着智能手机的广泛使用，手机在我们生活中的作用越来越大，甚至可以说我们的生活已经离不开手机了。

手机的使用也蔓延到教育教学中。最初是通过手机微信安排学生作业。特别是低年级孩子记作业能力比较差，所以教师通过微信把作业以及一些具体要求发给家长，这样在学生说不清楚的情况下，家长可以清楚地了解作业要求，及时进行安排和执行。

后来，英语作业口语练习可以利用手机完成，学生可以跟着音频练习，录音发到手机客户端，客户端会及时评价反馈。这种作业效果非常好，既能训练孩子的口语，评价反馈及时，能增强学生的自信心，并且教师也能及时了解学生的作业完成情况。

还有教师谈到，学生在手机上完成作业，不用买纸质试卷练习，环保节约能源，等等。的确，手机上完成作业有其便利性。

但是，慢慢地数学、语文作业等也加入这个行列，都要依靠手机来完成，这就有问题了。

我们试想，一门课的作业大约需20分钟，三门课就要一个小时。手机上的字比较小，有不少题目的题干和题支比较繁琐，孩子要凑近手机才能看清楚。我儿子在做数学题的时候，就是边验算边趴在手机输入答案。孩子每天使用手机上近一个小时，这是挺可怕的事情！孩子正是长身体的关键时期，太容易形成近视眼和小驼背了。可以说过多使用手机会严重危害孩子的健康。

就学习本身而言，手机做作业，可能对孩子的口语很有好处，但需用数字或文字输入的手机作业，就会在一定程度上弱化孩子的书写能力。不光语文需要书写能力，数学、英语也需要孩子练习书写能力。现在孩子的书写能力普遍较弱，更应该利用好作业时间，让孩子练习书写能力。

利用手机完成作业有其便利性，但是过量安排就会适得其反，仅是教师便利了，对学生都有不少危害。那该如何做呢？

用手机微信发送作业，低年级可以采用这种形式，有紧急的事情通知也可以采取这种形式，到了中高年级，就应让学生自己记录作业，因为记录作业本身就是一种习惯养成，就是一种好的学习习惯。

另外，英语、语文的口语类作业可以让学生利用手机完成，但是其他类型的作业，则应让学生自己书面完成。小学阶段是培养孩子书写能力的关键时期，应该利用好作业这块阵地，训练孩子的书写能力。

对于手机的使用，教师也应该进行适当引导。应告诉孩子手机只是学习的工具，千万不能让手机给绑架了，成了手机的奴隶。可以开展一些"手机的利与弊"的辩论活动，引导孩子合理使用手机。

手机的广泛使用已经是社会的趋势，我们不能让孩子脱离实际完全不接触手机，这是不可能也是不科学的，但，这里一定要有一个度，教师应该首先把握好，不能把所有作业都安排在手机上做，而让孩子养成不好的习惯，影响孩子的健康。

课程意识与课程实践

谈到教师的成长，很多教师都会提到阅读和写作。朱永新老师提到过教师成长的吉祥三宝：专业阅读、专业写作、专业发展共同体。李镇西老师也提出过四个"不停"：不停地阅读，不停地写作，不停地实践，不停地反思。

的确，读书和写作是教师成长的重要途径。而这些途径又是开放性的，可以说，所有人的成长都可以通过这两个途径。通过阅读提升自己的认识和认知，从而影响自己的实践；通过写作反思，让自己的工作更有效，更高效，更科学。这样教师在实际工作中就自然成长了。写作反思，会让经验和方法更加明晰化，从而对别人也产生一定的影响或引导。这两个路径对教师非常实用，或许，更加有用，缘于教育的职业特殊性。教师面对的是与时俱进的活生生的孩子，这要求教师必须多读书和多反思。

记得有位教师曾经举过一个非常形象的例子。教师在教室里，就好像处于一个格斗场。要在这个格斗场里成为一个武林高手，就要寻找一份武功秘籍，武功秘籍告诉你：首先要劈柴、挑水、练习打坐……但是教师是一直处于格斗场里的，要练习好这些基本功，少说三五年，你有这样的时间吗？可能很快你就呜呼哀哉了，可能你劈柴的功夫还没练完就已经怀疑人生了。

这样讲，是为了说明，读书写作对一个教师的作用巨大，但，很多时候，这些都是慢作用的。

而且，教师的专业成长需要大量的阅读，不仅仅是数量，还要有质量，多读"根本书籍"。什么是根本书籍？可以参照《教师阅读地图》。

即使告诉你根本书籍，你又有多少时间可以读呢？

即使你有时间读，又有几个能坚持下来呢？

即使有时间读，很可能，还有不少教师有不少书籍读不懂。

好不容易从书籍上学了些功夫，如何用到自己的教育教学实际中，又是一个问题。找到锤子，却没有钉子可以练手。

所以，说到这，阅读写作促进教师成长，是一条漫长而布满荆棘的光辉路。很多教师正是在这条路上不断探求，才实现自我成长的。

这条路对于一些知识背景相对薄弱却没有足够恒心的教师来讲，或许是一条天路。

那么，是否还有其他更加独特的路径能促进教师的成长呢？

是的，有的，那就是课程实践。

渴望成长的教师更适合的路就是课程实践之路。它比起读书写作来讲，更应该是每位教师的必须之路。

扯远一点，原先在全国教育理念和实践都比较先进的山东，这几年已落后于南方一大截了，原因就是南方课程实践长足发展，而山东的很多地方还抱守于课堂。当然，课堂是非常重要的，问题在于抱守于课堂抓课本，抓成绩。这样的教育理念和实践已经远远落后于南方很多地方了。

为何课程实践这么重要呢？

再举一个例子，让一位厨师做一桌美味，但是，他的食材只有鱼。的确，鱼很美味，是让很多美食专家选择出来的最有营养的，而厨师做菜的时候也绞尽脑汁，红烧、煎炸、清蒸……但是，鱼再做得华美、美味，只有鱼的营养，不会有西红柿、土豆、菠菜等等食材的营养。

我们的课本内容就好像一条鱼，而课程就是让学习这桌席上既有鱼的美味，又有西红柿、菠菜等其他食材的营养。我们的课堂美味，只有菜的丰富性，才能适应孩子生命的丰富性，毕竟很多孩子不一定喜欢吃鱼。

课程实践的意义在于，教师不仅是一个知识的传授者，还应是一个探索者，一个学习者，在丰富孩子知识和生命的同时，也丰富着自己的知识和生命。这就要求教师由一个因循守旧者，一个保守止步不前者，成为一个生命的自我实现者。

课程背景下的教师发展，不应该仅仅抱守着那条"金鱼"不放。教师只有加强课程意识，进行课程实践，才能在课程实践过程中，获得个体的深度成长。

绝不人云亦云，做一个独立思考的教育者；绝不因循守旧，做一个善于创新的教育者。

——李镇西

和郝校长谈话引发的思考

中午在餐厅用餐，和郝校长坐在了一起，就和校长聊了起来。郝校长是一个很善于思考的人，和她的交谈也引发了我的思考。

我们谈到班级管理方面的事情，郝校长对我说："和你探讨一个问题，现在你们班的路队很整齐，口号很响亮，这都是有目共睹的。现在学生还是四年级，让他们踏着步子走，学生会照做。以后五年级、六年级，学生大了，知道害羞了，他们还会这样做吗？你最终所要求的路队是什么样子呢？"我愣住了，路队应该是个什么样子我真没思考过，只好勉强应付了几句。

我们班的路队一直是我引以为豪的，但是我从未思考过踏步走的路队是否合理，路队应该是什么样子的。

我近来正在看《陶行知文集》，陶老倡导真教育，"千教万教教人求真，千学万学学做真人"，真教育的一个关键词就是自然。而让学生踏着步子走路队是与自然状态相悖的。郝校长所提倡的路队应是一种学生在队伍中安安静静、温文尔雅的自然形态（和她的探讨中隐隐约约听她提到过这一点，只是当时没有意识到）。这也许正是郝校长的良苦用心，希望我们班能够做好，能做到这一点。

这个问题解决了，我的思考应到此结束了，但我还有一种敝帚自珍的感觉。我也许应该继续思考这个问题。

踏步走的路队真就不合理吗？为何学校每年都要进行军训，进行队列队形训练呢？如果踏步走的路队不合理，那么军训和队列队形训练时为何都踏步走呢？可能有人会说那是训练，不是平时走。如果训练不是为了平时的走，那么训练又有何意义呢？通过这些思考，我想我们应该明白一个人走和排队走的区别。一个人走就要求自然。而个人进入队伍之中，就要求个人服从队伍的要求，要求高一点就是整齐划一。举个不恰当的比喻，就好像独唱与合唱。独唱要求唱出自己的特色。那英有那英的特色，刘欢有刘欢的特点。而合唱就要求统一，如果各唱各的，那可就别有一番滋味了。

踏步走的路队意义何在？郝校长所倡导的路队状态是一种高级的状态，要通过规则去要求，通过习惯去养成，通过读书去涵养。让活泼好动的学生变成小绅士一样，温文尔雅，不是一日之功。而踏步走的路队只要通过规则去要求。我们再看一看孩子们的自然形态，在队伍中随意大声说话，随意打闹的大有人在。仅靠自然状态让孩子做到安安静静，很难。李媛老师要求学生在路队中背成语接龙，她的做法应该和我们班的踏步走目的相似，都是想通过一种形式让路队达到安静的效果。路队就是路队，外显有规，队伍就应该有规范。

当我们班的同学踏着整齐的步伐出校门的时候，我亲眼看到很多家长的赞赏眼光，他们被我们惊艳了。我们的靓丽不仅仅靓丽于学校，也靓丽于家长的心中。如果自己的孩子在这样的班级，这样踏着步子整齐地出校，家长一定是很赞同和自豪的。

我这么说并不是提倡这种做法在学校推开，如果真推开去，可能意义就不大了，甚至适得其反。就像李媛老师和王文轩老师班上的路队背诵一样，每个班都为班级工作想点小办法小策略，使得自己的班级管理更有效，这才真正有意义。不是学校抓哪一点就把哪一点做好，其他就放任自由，这就缺乏对班级工作的思考了。我让学生踏步走路队或者做其他班级工作时候，并没有想过要成为什么榜样。我只是想通过一个小办法让班级管理更合理、更有效，让孩子们更自由、更自信。事实上，我害怕成为榜样，榜样不光会有别人的称赞，也会有很多白眼和指责。有很多次，我带队出校门，离班级队伍远远的。甚至有好几次我都没去送学生路队，都被领导点名了。我害怕看到别的老师的不屑一顾和白眼，我也相信一定有老师对我们班的路队存在异议。我记得有位专家提出过一个"三分之一定律",即当提出一件很有意义的事情让一些人干,有大约三分之一的人会感兴趣,率先干,认真干;有大约三分之一的人观望着,要求严了,或者看到别人尝到甜头的才干点;还有三分之一的人不仅不干,还会提出指责,背后使坏,阻挠别人做。我不敢说我们班的路队有意义,但这种个别行为出现之后,一定会有人说三道四。我又想到发生在李镇西老师身上的一件事。他曾经和班上的后进生在公园里摔跤、斗鸡,一起去旅游,一起去吃火锅……很多人都不理解,很多人都指责他,说他太宠学生,太庸俗。他的回答是:当孩子和我产生朋友般的依恋情感后,点燃学生"想做好人"的愿望火花,便是教师实施教育的关键。许多人看不到,在"庸俗"背后也有教育思想。当然,我的做法或许没有李镇西老师那样有意义,形式背后也没有什么教育意义。但我知道并且相信,不论是和学生摔跤、斗鸡、吃火锅,还是踏步走的路队,都是为了学生,为了班级的发展,这是真的!对于任何教育教学行为的唯一评判标准就是为了学生。教育的根本目的,就是着眼于"人"的发展(李镇西语)。

  一个小小的路队引发这么多问题和思考,挺有意思的。一个人否定自己需要勇气,一个人面对质疑敢于正视自己需要更大的勇气。在这探讨和思考中,我想此时路队已不是问题,关键在于思考本身,在于思考的意义。教师应用审视的眼光,用思考的心态对待自己的教育教学行为,"绝不人云亦云,做一个独立思考的教育者;绝不因循守旧,做一个善于创新的教育者",这才是我和郝校长谈话得到的最大启示。

  写完这篇文章之后,我在读苏霍姆林斯基的《给教师的建议》时看到了以下文字:"那种热爱自己的事业而又善于思考的教师,才有力量使教室里保持肃静,使儿童特别是少年和青年用心地倾听他的每一句话,才有力量激发学生的良心和羞耻心,这种力量才是一种无可争议的威信。""我们依靠思考,也只有依靠思考,才能驾驭年轻的心灵。我们的思考能点燃学生的学习愿望。我们的思考能激发学生对书籍的不可遏止的向往。"

  我的思考也许并不深入,我的表述也许很不清晰,我的说理也许很是牵强,但我欣喜,我思考了,开始迈出了第一步,哪怕是一跬步。

读专业刊物还有必要吗？

去了很多学校，发现学校最安静的地方就是阅览室，不是因为大家遵守阅览室的纪律而安静，而是因为阅览室里的人太少了。阅览室里各种报纸刊物应有尽有，但，大多数都蒙有灰尘了。看借阅记录，最晚的日期还是2016年的。和一位阅览室管理员聊天，他说：现在很少人来借刊物了，老师们都看手机，手机上什么都有。而且老师们都在乎学生能考个好成绩就行，看这些刊物没有什么用了。

难道看专业刊物真的没有必要了吗？

教师专业成长是立身之本。而阅读，特别是阅读专业类刊物是教师个人成长非常重要的途径。不阅读何以成长啊？教师通过读刊能够拓宽视野，更新观念，了解到更多有思想有方法的教师在如何从事教育，如何教学实践，从而改善自己的思维品质，改善自己的工作方法，提高自己的教育教学水平，从只盯着孩子的成绩的应试桎梏中走出来，登高望远，真正实现自己的成长。

学校层面讲，很多学校为了提高教师的专业素养和实现教师个人成长，煞费苦心。"走出去，请进来"。走出去，去聆听专家和名师的讲座和报告；请进来，让专家和名师走进学校，现场指导教师的教育教学。甚至有的学校为找不到合适的名家而发愁。实际上，"名家"就在我们身边。报纸和刊物上有着各种各样的"名家在线"，他们为教师成长和专业发展准备了丰富的营养。"小刊物大天地"，刊物上既有理念的引领，更有方法的指导。很多想不通的地方，看到其他教师的分享和故事，我们或许就豁然开朗了；很多想做而不知道如何做的事情，在刊物上可能会看到很多教师已经做出效果，做成高度来了……刊物，以其理念新、方法新、内容丰富、及时有效等特点，为教师的成长助力加油！

学校和教研组应该利用好报刊这个"武器"，来提高教师素养。学校应营造读书的氛围，给教师读书看报的时间，让阅览室热闹起来。学校还应构建平台，让报刊流动起来。可以开展"好故事乐分享""好刊物一起读"等活动，通过分享报刊中的好故事，好刊物轮流读和交流的方式，让报刊真正在教师中"活"起来。在教研活动的时候，也可以某一种或者某几种刊物为抓手，进行沙龙、交流，组织教师结合某一种教育或教学现象，进行讨论分析，从刊物中获得科学的方法，获取思想的引领。

智能手机功能的广泛开发，使得电子期刊如雨后春笋般出现，很多教师，特别是年轻教师，用电子期刊的阅读代替了纸质期刊的阅读。这样看来，是一种进步。其实不然。我们发现，手机阅读很多时候都是一种浅阅读，只是水过地皮湿的简单浏览。而且，朋友圈以及各种微信公众号，采用一些夸张的标题和图画来吸引眼球，观者在看手机的时候很很难静心阅读，那些真正的好文章都是朴实无华的，很容易被超大容量的信息所掩盖。而纸质期刊更方便读者进行深度阅读，读者可以在期刊上标标画画，记录下当时的心得体会，反思自己的教育教学实践，更有利于知识的吸收和内化。当然，我们也不完全否定"网络阅读"和电子期刊带来的便利。无论是电子期刊还是纸质期刊，教师能够读进去，乐于读，才是最重要的。

学校订阅的各种期刊，只有在教师中间"活"起来，流动起来，才能发挥其应有的价值。而教师能够结合阅读在实践中真正"思"起来，做起来，才能实现真正的成长。

做一个有光的教师

总是喜欢用照片或文字把学生在班级中的生活细节展示在我的QQ空间中。有不少家长和往届的学生都很关注，为我们点赞。有的学生留言说："学弟学妹们，你们有福啊！""宋老师，身上有光啊，带哪个班级，哪个班级的孩子们都那么快乐，光亮！"确实，我希望自己成为一个有光的教师。

一个有光的教师是视阅读为己任的教师。

"点亮自己　照亮他人"是新教育萤火虫项目组的核心理念。如何点亮自己呢？我想唯有阅读。阅读可以从先哲和大师们身上汲取光亮，让自己更亮一点。我在近两三年的时间里阅读了一百多本书，而且很多书为了能完全理解，我不得不反复地去读。于是乎，像佐藤学、阿德勒、帕克·帕尔默、朱永新、李镇西等等，这些闪着光辉的名字，以及他们明亮的思想开始影响我，点亮我，让我的教育生命中也有了他们的光辉。而这样的点亮自己，也让我能够影响学生，照亮学生。

一个有光的教师一定是扎根于教室的教师。

我当了十年的老师，做了十年的班主任。但是，真正想扎根于教室，还是在2014年参与了新教育实验之后。看到新教育榜样教师们躬耕于教室，和孩子们一起实践课程，和孩子们共读共写共生活，过着幸福完整的教育生活，我满心向往。同时，也满心羞愧，回想前些年，一直想逃离教育，虽然最后逃跑未遂，但自己的教育生活更多的是应付了事。于是，我开始了以"缔造完美教室"为突破口的教育实践，积极谋划、经营我的班级。班名、班歌、班诗、班徽、班规、班级口号等等，带有我们班独特气息的班级文化应运而生。晨诵课程、共读课程、电影课程、足球课程、微剧课程等等，许多小课程也在班级中开设起来。我开始享受这样的班级生活，一看到孩子们就感觉特别来精神。看到一个又一个的孩子在班级和谐的氛围里，在课程的滋润下，如花骨朵般一天天地生长、绽放、飘香，我的心盈满了喜悦和成就感。

一个有光的教师一定是让教室成为乐园的教师。

没有活动便没有班集体，一个班级除了上课便是考试是不会让学生产生感情的。如何开发更加有意义的班级活动，让班级真正成为汇聚美好的地方，让班级成为孩子成长的乐园呢？我也做了一些探索。首先，让孩子动起来。生日送诗让孩子心"动"起来。孩子生日的时候，我会精心挑选适合孩子特点的诗歌，并且附上孩子的照片，在孩子生日那天送给他们，孩子既高兴又感动，总是盼望着自己的生日的到来。课本剧表演、跳蚤市场、图书漂流、成语大赛、汉字书写大赛等班级活动更是让孩子们快乐地动起来了。其次，让家长也动起来。美食节活动，让家长和孩子一起合作制作美食，拿到班里进行美食品尝，让家长做评委，评选"美食达人"；"不做同在一个屋檐下的陌生人"亲子共读，定期评选最美读书家庭；"相约星期二"，每个星期二，让家长走进课堂，根据他们的工作特点和生活经历，给孩子们开个"大讲堂"；利用家委会和家长资源，让孩子走出教室，走向大自然，走向工厂。家长深度参与教育教学，家校真正成为了教育的共同体。更重要的是，这些活动的开展让教室真正成了孩子成长的乐园，同时，教室也成了师生甚至家长在内的生命交融的场，大家一起享受着每天幸福的教育生活。

夏丏尊先生曾经说："一尊佛，要有光，才能让人敬仰。"我们做一个有光的教师，不是为了让人敬仰，而是让自己的生命发光，让自己生命的价值得到体现。当然，你如果成为了有光的教师，你必然会去温暖孩子，去照亮孩子，照亮家长，也会得到大家的敬仰！

第二辑

师生絮语

孩子，为啥要努力

转学许久的一个学生突然打电话，说好久没见想我了。跟我絮叨了好久之后问我："老师，您还是坚持读书，坚持写日记，还是那么努力吗？你为啥还努力呢？"

听到这个问题，一时无法细思，只是含糊地应付了几句。

我明白这个学生的意思：当了老师，有了固定工作了，每个月有工资，可以坐享其成，本应无需努力了。或许，在他的意识里，努力不努力都获得一样的工资，还努力干啥？这也是事实。那为何还要努力呢？

我上学的时候，一直是成绩不好的学生。上学时印象比较深刻的几件事都是我学习成绩差造成的。大约小学三年级的时候（我是那种开窍晚的学生，那时候超级笨），一天老师听写，我全写错，老师用红色钢笔打上了大大的"×"。当我走到老师身边领本子的时候，气急败坏的老师，用钢笔用力狠狠地一戳，笔尖正好戳到我的鼻子，顿时鼻冒鲜血，鼻血和"×"号"相映红"。

上了初中，英语老师检查背诵，我前一晚费尽力气去背了，但，还是没有通过。我们几个不合格的被老师叫到办公室。在那个时代，我们几个是要被"大刑"伺候的。老师问我昨天背书了没，我说背了。他摇摇头，摆手示意让我走——在他眼中，我是笨得无望了。

更为悲催的是，参加了工作之后，我高中历史老师的孩子正好是我学生。孩子告诉我，她爸爸找到了一份"历史遗迹"——我上高二时全市历史会考的成绩单。当时全市有1000多人参加会考，我的成绩在1000多名。

我上学的时候，混得了学习不好但很努力之名。

一个知道努力的人，运气都不会差。

我竟顺利地考上了大学，尽管是个专科。又通过教师招考，成为一名教师。我并无炫耀之意，只是证明自己运气还不是很差。

现在工作了，为啥还要努力？

曾经有一段时间，当我踏入单位的大门，内心竟有种莫名的恐惧。单位中有位大家都公认的工作很认真的老师，和我交流时说，她也有这样的感受。

为何我们会恐惧？

因为我们不甘于平庸，我们惧怕自己平庸。

因为我们想受到别人的尊重。

因为我们想获得更多机会和发展的空间。

因为我们想站在更高处来面对我们的教育和我们的学生。

……

同样，我们因为无法做到而感到恐惧。

在没有考录为教师之前，我也曾经设想：现在好好努力，等考上之后，就彻底放松，不用努力了。那时，想想都美好。

但真正考上了成为一名教师之后，慵懒不久就发现，不努力还是不行。人生就如翻过一座座高山，翻过一座高山之后，有一座更高的山在等着你。为了更美好的风景，你必须马不停蹄，日夜兼程。

放弃了努力，生命就如停止的钟摆，会陷入僵局，平庸也就开始了。

最累的，是内心空虚的人。因为慵懒，我们会如陷入生命的泥潭一样，我们一面渴望享受这种慵散的自由，一面看到别人的成功又不甘心，努力地挣扎。而这种挣扎，会成为你无法摆脱的痛苦，会在某一个刚刚睁眼的早晨，或者辗转难眠的夜晚悄悄袭来。或许是因为我们是曾经奋斗过的人，从未有奋斗经历的人不会有这样的体会，他们认为不努力是常态，他们没有奋斗过的心理高峰体验。

而当开始读书，开始写作，开始努力，就是对这"病"最有效的治疗。正如余华所说：我们都是病人。

当我们看到居里夫人被放射性物质侵蚀了皮肤，被化学物质烧伤了手指的时候，我们会以为她很痛苦。实际上，我们并不了解她。李镇西老师每天晚上都要写上几千字，甚至上万字的教育叙事，我们认为他很苦很累，实际上，我们也不了解他。"当沉潜于某一事物，完全忘我，完全融入,沉入一种超然的平静中,生命中真正的幸福便会来临。"

当你惊羡于他人的成就的时候,请你相信没有什么一飞冲天,你不知道他们在不为人知的台下练习了多久的"舞步",震动了多少次翅膀,才有那惊人的一现。"每一个从底层逆袭的人,没有一个不是脱层皮,掉层肉的。"

生命不可能总是高潮,总会有低谷。生命如一片叶子,绿了,黄了,荣了,枯了,如何让自己的生命黄了又绿,枯了又荣,是一种能力,更是一种勇气。不管你处于什么位置,努力是最不能丢的。

孩子,我上面的描述,或许现在的你还不能很好地理解。但慢慢地你会知道:努力,是我的唯一选择,也是我们唯一的选择!

一如尼采所说:每一个生命不曾起舞的日子,都是对生命的一种辜负!

题记：周末作文作业，要求写一个特点鲜明的人。周一上课，一问学生，不是写得很少，就是无话可说。甚是郁闷，于是，奋笔疾书，写就下面这篇小文做下水文，让学生一览，希望对他们有所启发。

"镇班之宝" ——赵宝鑫

话说五年级（6）班乃是藏龙卧虎之地，此地能人甚多，且不说"飞毛腿"——王亚男，大力神——杨钰莹，还有"狮子吼""千斤顶"……单说赵宝鑫其人，就让人好生佩服！

宝鑫就其外形来讲，没有什么过人之处：五大三粗，健康壮硕，但即便如此，还是能够让人一眼认出他来，因为他黑，黑得发亮，黑得健康，黑得神采飞扬。看到他，你能瞬间联想到那个历史名人——包青天。而且，因为他黑得实在，一看就是实在人，很多人都愿意和他做朋友。所以，我也非常喜欢他，我们也就成为了好朋友，我经常麻烦他给我跑腿，帮我干活。

称赵宝鑫为："镇班之宝"，源于他的过人之处。下面我就略述一二，让大家领略其风采。

话说运动会上，大家坐在观众席上都闲着无事，各做各的，自得其乐，有看书的，有聊天的，甚至有打牌的。隔壁班的几个小女生，正围在一起拧一个魔方。只见她们双眉紧皱，满脸着急，咋了？不会拧呗。就是搞不平那个魔方，这个试一试，那个试一把，几个小姑娘翻来翻去就是拧不好，那个无奈着急啊！

我一旁见了，乐了，"宝鑫，过来！"我大吼一声，吼来了班里的镇班之宝。只见宝鑫接过魔方，轻轻捏着魔方，三下五除二，魔方拧好了。

旁边的小女孩都"哎呀呀"地叫起来。"怎么拧好的？这么快啊！"

"太神奇了。"一片赞叹声。四班的班主任徐老师也在现场，看完感叹道："太厉害了，就像电视里的选手在拧魔方。"在大家崇拜的眼神里，宝鑫神气飞扬地走了。（大家可以脑补一下当时那场面。）

宝鑫除了拧魔方是高手，他的幽默细胞也是巨大的。一次，他和公硕说相声，他当逗哏，演得真是绝了，边演边唱，边演边跳，妙趣横生，引得班里的同学捧腹大笑，当时我都笑出泪来了。那么长的台词，他要花多长时间才能掌握得如此准确；那么多的动作和歌曲，他要练习多少次才能如此惟妙惟肖呢，我真是由衷地佩服他。

宝鑫还有很多惊人之举，无法一一列举，他学习好，人实在善良，而且喜欢挑战，一说某事可以挑战，他立马来劲。他做事总是争取做到最好，镇班之宝，他当之无愧！

希望有更多的同学也能成为我们班的镇班之宝啊！

没有预设的"作家"

和学生进行写作练习。

我拿来一片叶子,引导学生描述。学生最后的表达是:一片绿色的椭圆形的叶子,静静地躺在老师的讲台上,很伤心的样子望着我们。

我又拿出一个核桃,孩子们一片惊呼。我是早有准备的,让学生继续练习,他们的表达:一个椭圆形,表面凹凸不平,褐色的核桃高兴地坐在讲桌上。

我的原计划是,让学生进行了这两个口头训练之后,把说的话写一写,做一个写话练习就结束了。

没有想到,当叶子和核桃放到一起,二者却出现了一种明显的突兀感、对比感——一个嫩绿、娇滴滴的;一个光秃秃,愣头愣脑的。当我觉察到了的时候,学生也感受到了。

一个学生说:"老师,是不是,它们两个发生了故事了?"孩子是想象的天才,他们早已经入境了。我接着学生的话讲:"是啊,大家就写一写它们的故事吧。"

孩子们开始兴奋地写起来,有学生问我:"老师,我可以把这个故事画成一个绘本吗?"我一听,自然支持:"当然可以,如果有兴趣,可以继续写,写成自己的第一本书,那你就成为大作家了。"孩子们一听,带着满脸的兴奋,投入到自己的创作之中去了。

周末过后的周一上午,我意外收到了好几个孩子精心创作的绘本。绘本的第一页上赫然写着:×××著。

一个成为作家的种子是不是就这样播下了?

想到了新教育种子教师首席培训师飓风老师曾经深深地自责:自己原来有一个非常热爱文学的学生,但是,由于自己的"不作为",这个学生最后成为了一名护士。当然,飓风老师自责是建立在自己对教育者责任的深深理解与觉醒的基础上的。教育为何？让学生遇到最好的自己，成为他能成为的那个人。

　　看到孩子们稚嫩的"专著"，我也很激动，赶紧用手机把它们拍照记录下来，以备留念。随即我在班里进行了展示，展示就是最大的表扬。更让我没有想到的是，竟然有好几个学生告诉我，他们开始写小说了。我让一个学生读了他写的小说中的其中一章，写得真好，有意思，有意义。读完之后，大家报以热烈的掌声。我好欢喜。

　　几天之后，一个学生来找我，说自己的作文本用完了，问我有没有多余的作文本。我纳闷：那么厚的本子怎么用完啦？孩子说，他在写小说，已经写了20多章了。我惊喜：孩子们没有忘记，还在坚持写。我在班里一打听，还有好几个男生都在坚持写自己的小说。

　　三年级的"小不点"，竟然还有这份坚持，我对他们好生佩服！在班上表扬他们，还画蛇添足地给大家讲了《苏格拉底和柏拉图》的故事。最后我说："虽然老师不是苏格拉底，但是，希望你们坚持，成为'柏拉图'，成为大作家。"

　　不知道这些孩子能坚持多久，但是，曾经这样的一次创作实践，或许会成为一粒种子，当有了合适环境，它们会勃发地生长出来，让他们成为作家，或者，人生的记录者。

　　未来，让人期待！

> 教育本身就是最具有创造性的精神活动,因而教育者充满理想主义激情的人文情怀和独具个性的思想之光,理所当然地应该贯穿于教育的每个环节和整个过程。
>
> ——李镇西

那些课, 与未来有关

写下文章题目时,我想到了电影《死亡诗社》中的结尾:当基廷老师被迫离开学校的时候,学生们一个个站在桌子上为他送行。我想,基廷老师带给孩子们的不仅仅是知识,更是一种精神,一种姿态!

不久前轮岗到一所新学校,接手了一个六年级班。第一节课,我没有正式上课,而是以答记者问的形式,让孩子们随便向我提问。我呢,有问必答。就此,让学生能了解我这个新老师,也希望构建一个比较自由和谐的师生关系。

开始,孩子们还比较拘谨,问我一些比较常规的问题,我也如实回答了。慢慢地,孩子放开了,有个孩子突然站起来问我:"老师,你的初恋情人是谁啊?"全班爆笑。孩子们到了这个年龄,对这些事情感兴趣了,教师要充分理解。我告诉他们不要笑,因为这个话题很严肃。一个人对于爱情和婚姻的理解认识将很大程度上决定一个人很长的一段人生路是否幸福。这难道不够严肃吗?于是我给孩子们讲了自己并不成功的恋爱史,边讲边阐述我对这些经历的理解。孩子们听得很认真。孩子们渴望知道这样的事例和引导。我的经历,或许对孩子们不会有什么太大的启发,但我这样开诚布公,孩子们至少能明白应该坦然正确地面对爱情与婚姻。看到大家听得专注,最后我告诉女孩们:"如果有男孩儿跟你表白,你得问问自己:他配吗?"我也告诉男生:"当你要想向女孩儿表白,你问问你自己:你配吗?"我这一说,一问,不知点亮了多少双眼睛!

学习《一夜的工作》一课，当和学生一起了解了总理生活的简朴之后，我问大家："你们见过生活如此简朴的领导吗?"没想到，一语激起千层浪。孩子们一个个慷慨陈词，或描述所见事实，或发表自己的意见。那感觉，真有毛主席笔下的"书生意气/挥斥方遒/指点江山/激昂文字/粪土当年万户侯"的气势。一节课在大家的慷慨激昂中，很快度过了。教室是学生的家园，如果在家园里，孩子都不敢自由地言说，他们怎可能"心怀天下"啊？教室就应该是自由思考，自由言说的地方。教室里的孩子能够"想大问题，讲大问题"，而不是仅仅局限在这次考试落后了几分，谁又比我强了，这才可能有社会将来的进步。

总有教师问我：你这节课的教学目标实现了吗？你的课处理了几个考点啊？你的课学生喜欢，和考试有半毛钱的关系吗？

我说：这些课，与考试无关，与未来有关。

如果教育仅仅是传授知识，那么这些课无疑是不合格的，是要被质疑、被否定的。教育正因为不仅仅是传授知识，才展现出它的魅力和生命。我希望多年之后，当岁月如潮水般退去之后，即有人常常开玩笑地说"我已经把知识还给了老师"之后，留存孩子记忆里的乃至生命里的是一种姿势，一种精神。这才是真正的教育。就如一位教授所说："校园最值得带走的不是知识，而是姿势，45度仰望星空。……无论多么残酷，你只要把这个姿势保持30年，你就赢了。"

中国最不缺少的就是知识的课堂，而真正欠缺的则是充满精神和生命活力的课堂。教育要让孩子们拥有一份情怀，一种姿态，真诚而勇敢地往前走。为此，教师就应该拥有一份情怀，一种姿态，成为一个活生生的人，才可能去唤醒别人，才能生发充满生命的课堂。

或许，那节课我们没有赢，这次考试没有赢，但是，我们的教育赢了。因为，那些课，与未来有关！

教室里的小温暖

语文成绩出来了,我带的班总体上不错,在级部里还进步了几个名次。

成绩对学生也一样,几家欢乐几家愁。语文素养最好,平时积累最扎实的淑敏、晓冉、一鼎都考得不错,都突破了95分。淑华考得最好,竟然是全班第一,这让人有些意外,连他自己都感到不可思议。他看到试卷的时候,脸上的表情也是挺怪异的,一会儿欣喜若狂,一会儿怅然若失。好多同学都凑过来,有的打趣他,有的祝贺他……

我也由着他们闹。对于考试这样残酷的事情,或许打趣嬉闹能缓解孩子成绩带给他们的紧张和失落。

有一个学生坐在教室的一角,低着头,很尴尬的样子。

他是我们班的"语文活宝"——明宇。在语文课上,他是最活跃的、最快乐的,演讲、朗诵、写作、思维样样出色,总能带给我们很多的快乐和思考。但这次考试他只拿了89分,他快乐不起来了,一个人坐在那儿生闷气。

我笑着招呼他:"明宇,来!"

他低着头,一副很不情愿的样子,垂头丧气地走到我面前。

我笑着望着他,吩咐说:"把手给我。"

他一脸狐疑地看着我,以为我要责备他为何没有考好,但还是照我的要求伸出了手。啊,六年级的孩子,个子已经比我高多了,手掌宽大而厚实。我把我的手掌贴在他的手掌上,掌心相对,微微用力。他的手比我的手温热,有着少年的活力。

我认真地望着他:"来了,来了,感受到了没有?老朽开始发功了,老朽三十多年的功力要传给你了。"我故意用低沉的声音说着,"感受到了没有?快乐来了,自信来了,坚强来了,成功来了……"

明宇的表情渐渐舒展开来,慢慢地笑了起来,本来大大的眼睛不好意思地眯成了一条缝。

因为两个掌心贴在一起，感觉此时能听到对方的心跳，很温暖，在这样美妙的时候，我不知道是我温暖了他，还是他温暖了我。

放学的时候，我看到明宇背着有些小的书包，满面笑容，还是那个乐观向上的大男孩。看着他轻快的步伐，我感觉自己也年轻多了，小步跑回了办公室。

快下课了，我还在兴致勃勃地讲，孩子在兴致勃勃地听。

只听"哗啦"一声，教室北边的一个学生吐了一地。地上放着的书包，还有同桌的椅子上，都溅上了好多污秽。

就在一瞬间，四周的孩子们都闪开了，躲得远远的。气味开始散开，有的同学开始捂着鼻子，支支吾吾地抱怨着。

稍远处些的孩子，兴致勃勃地看热闹，对于他们，班里发生点这样的事情，他们是最喜欢的。他们可以开开心心地看热闹，而不用学习了。

教室里开始乱了起来。我有些气急败坏，想控制一下场面。下课铃声响了。听到铃声，我突然意识到，我得马上去开班主任会了，如果迟到了，可能会挨批。

但直觉告诉我，现在应该处理一下这个场面，再去开会。可我感到反胃，竟然呆在那里，一时间不知道如何反应。

晟豪和玉林从天而降，走上前说："老师，你有事，先忙去吧。我们几个处理。"边说着边去拿拖把。

他们的话好像救命稻草，我赶紧夺门而出。

班主任会开不长，我赶紧回来，心里还惦记着教室里的那事情：处理得如何了？

走到门口却又惊呆：教室里干干净净，大家都在写作业，好像什么事情也没有发生过。窗户已经打开了，空气很清新。地面上非常干净，除了能看出拖把拖过的痕迹，什么也没有。

我有些恍惚：刚才的事情是不是发生过呢？看看晟豪和玉林，正在低头写作业。

我转身走出教室，拍拍自己的脑袋，笑了，满心的温暖。

教育的幸福，都是细节的幸福，而这些小幸福，温暖着我和孩子们。

一个好教师意味着什么？首先意味着他热爱孩子，感到跟孩子交朋友是一种乐趣，相信每一个孩子都能够成为一个好人，善于跟他们交朋友，关心孩子的欢乐和悲伤，了解他们的心灵，时刻都不忘记自己曾经是个孩子。

——苏霍姆林斯基

你们是我永远的青春的礼物

同事给我发来一张照片，说是我的学生。

我一眼就认出了，是我的学生，而且我快速地反应出他叫什么名字——位成宇。

我问同事怎么知道这是我的学生的，同事告诉我，她到一家牛排店吃饭，正好这个学生在勤工俭学，看到她主动叫老师，还告诉同事我是他曾经的班主任。

看到照片中这个高大、健康、阳光的大男孩，我心中说不出的感慨与欣慰。

成宇应该是2013年我送走的毕业生。记得曾经的成宇是一个胆怯、害羞的男孩儿，上课不敢起来回答问题，下课也是很安静的样子。转眼间6年过去了，他已经长成了这么高大的大男孩——一身黄色的工作服，脸上洋溢着笑容，阳光而健康。

这时我想到，今年大年三十的晚上12点，我收到一条学生的信息：宋老师您好！也不知道您手机号换没换，5年过去了，小学毕业后就没联系过您，我现在在南山念高三了，过了年6月份就要高考了。在新的一年里祝您阖家幸福，事业更上一层楼。您的学生：位岳

这个叫位岳的孩子是成宇的同班同学，近6年不见，也不知当初那个瘦瘦弱弱的小男孩已经长成什么样了？

我无法确切地知道学生为什么突然间给我发这样的祝福，但是在那样的一个时刻，一个念高三的学生，能够想到他小学的班主任，这个班主任是我，我就足以感到欣慰与自豪了。

　　每年都有毕业的学生回来看我，让我欣喜于他们还记得我这个曾经的班主任。有时候，我还挺惭愧的，自己的脾气不好，管理班级好着急，容易发火。而且，我对教育的理解不够，教育教学方法不够科学，但是，学生却能如此宽容，宽恕我的鲁莽。看到他们一张张灿烂的笑脸，我的心中无比幸福！

　　还记得亚琪和小冉、小雨，还有鹏飞等几个学生来看我的时候，我和他们一起吃饭，席间，我无意中问到他们近来学习怎么样。亚琪顿了顿说："老师，你放心吧，你的学生差不了的！"其他学生都立刻附和，满脸的自豪。让我满心的感动。我的学生差不了，这是让为师的我多么自豪的事啊！

　　时光匆匆，毕业的孩子考高中的考高中，考大学的考大学，他们在渐渐长大，我也在渐渐老去。但是，感谢命运，命运之手神奇地把他们送入我的生命，让我们共同度过了一年或者三年的美好时光，让我永远与童心相伴，与快乐同行。不管过去多少年，不管我们变得如何老，那些快乐的青春记忆却永远定格在那里，珍藏在那里，我真想热切地告诉我的学生：你们是我永远的青春礼物！

和孩子聊世界

下周就要去礼参实践了，很多孩子都非常兴奋，都盼望着呢！好多学生已经开始打听去礼参的注意事项了，每当说起这个话题，他们都兴奋得不得了。

隔壁班有个小女孩，我喜欢称呼她为瑶瑶，很安静很内向的女孩，学习认真，成绩非常优异，据说曾经考过级部第一名。看我的表情——仰视状！

对，就是这位可爱的瑶瑶在大家忙得不亦乐乎的时候，她告诉老师她不想去礼参实践。我很纳闷，问她为何不去实践，我以为她是身体不舒服或有其他不便于为外人道明的原因，因为实际这样的情况每次都有的。

她告诉我，快考试了，她想好好复习。

听了她的话，我的表情——一脸惊讶！

首先感觉这个小女孩真热爱学习，知道考试之前需要认真复习，为她有这样的想法而点赞。

但是仔细一想，感觉不对，不对！

还有一个多月才考试，有比较充足的复习时间。这么小的孩子，心中只装着考试，想来是挺可怕的一件事。

对于孩子来说，去参加实践，去体验离开父母的生活是一种经历，也是一种成长和财富。

我半开玩笑似地对瑶瑶说："孩子，考试还远着呢，生活中不仅仅有考试，去礼参实践也是一种经历，也是一种财富啊，如果为了考试放弃实践，我感觉这样不合算的。"

我边笑边说，最后用手指轻轻地点了一下她的脑门："孩子，你不去，那是吃大亏了！"

她想了想，笑着对我说："那我去吧。"

不应该用考试锁住教师和学生的目光。对于学生来说，前方应有更广阔的世界。眼中仅仅有考试的孩子，可能赢得了现在，但很难赢得未来。眼中只有考试的孩子，可能赢得了成绩，但很难赢得快乐和成长。

　　让我们告诉孩子：未来的路还长，去拥抱生活，去迎接更广阔的世界吧！

成长是生命最高的奖赏
——礼参实践发言稿

各位同学大家好！大家来参加实践活动开心吗？（开心！）

开心就好！

我们来实践，就是为了学得开心，玩得快乐！

但是有一个前提，就是要服从老师的管理，遵守我们的规定和纪律。

再说说我这个人，大家都认识我吧？

大家说我好吗？（好！）

错了，我不好！确切地说，我也好也不好！

我好，是因为，我是喜欢大家的，我希望大家都玩得开心，学得快乐，都能舒心地度过这四天半的时间，都能得到成长。

但是，我坏，我会很坏！当然，首先是你先坏起来，不服从管理，滋事打架。我会彻底地惩罚你，不再允许你参加本次活动。不论是什么时间，是上课时间，还是晚上十二点，我都会立马给你家长打电话，把你请回家！

因为什么？

因为走出梁邹小学的门，我们就是梁邹小学的形象代言人。走出梁邹，来这里实践，你不仅仅代表着你自己的形象，你代表着梁邹小学的形象，你代表着我们梁邹小学五年级的形象，你代表着你们班级的形象。你惹是生非，丢的不是你自己脸，是你班主任，是我们五级部，是我们梁邹小学的脸。

同样，你认真听课，就餐安静文明，跑操整齐，课间文明，你就会为我们梁邹小学争光，为班级增光添彩！

你们愿意抹黑还是添彩？

我再问大家一个问题，大家来实践基地干什么？

（学知识，学技能，锻炼能力，等等）

是的，同学们讲得都对。但是还有一点没有讲到。我们来实践基地是为了，吃苦的。

同学们在家里，父母惯着，爷爷奶奶宠着，就像一只只呆在窝里从没有离开家的小鸟，从来没吃过苦，也没有受过累。而一个人不吃点苦，是永远长不大的。而且一个人的成功很多时候是和他的吃苦能力成正比的。一个人吃不了苦是干不成事情的。

大家来到这里也会有不少苦等着你——

早晨跑操起不来。

饭菜不合胃口。

晚上想家。

等等，你会遇到不少难题，这就是你要吃的苦。当这些问题来了怎么办？

早晨起不来，怎么办？告诉自己我是来吃苦的。起！

饭菜不合胃口，怎么办？告诉自己我是来吃苦的。吃！

晚上想家，想哭，怎么办？不哭，告诉自己我是来吃苦的。

如果你能有这样的能量，有这样的想法，我非常自豪地告诉你：本次实践活动你没有白来！你成长了。成长是生命中最高的奖赏！你得到了生命中最高的奖赏！你是最了不起的！

咱们级部也会根据大家的表现，评选出优秀就餐班级，优秀上课班级，文明休息班级以及最具模范力明星（最遵守纪律）和最具成长力明星！我们将在周四晚的晚会上进行颁奖表彰！

我对我们五级部的同学充满了信心，相信你们是最棒的，你们能文明安静就餐，路队安静有序，上课认真专注，把宿舍整理得干净有序。班主任和其他带队老师，也会把你们最精彩的一面，最文明的行为发到班级群，发到咱们的级部群，发到咱们梁邹小学的学校群里，让家长以及全校的老师看一看咱们五级部孩子们的精神风貌！

大家告诉我，你们是来干什么的？

你们有信心吗？

好，谢谢大家！

孩子，请学会赞美

近来班上孩子进步很大，我由衷地感到欣慰和高兴。

班队会上我说："我越来越喜欢大家，发自内心地喜欢，这源于大家的成长和改变。就像弗洛姆在《爱的艺术》中所说，爱分为父性之爱和母性之爱。母性之爱是无私的，无条件的。父性之爱是有条件的，这个条件是你要符合的我的规则，你实现了我对你的要求。显然，我对大家的爱是父性之爱。不管怎样，我的内心是愉悦的，我找到了做班主任的感觉，有很多时候，我会感受到我和大家的心贴得很近，而这种贴近，会让我们走得更远。"

在班会上，我还讲到了"犟龟"，要有犟龟精神。当时，有那么多双真诚的眼睛看着我。

"一个人，最美好的事，莫过于他拥有明天。

"一个人，最大的悲哀，莫过于他失去希望。

"班里的每一个孩子，都有希望，都拥有明天。像犟龟一样，只要上了路，不停地走，都会遇到自己的庆典。只要不停地走，都会拥有更美好的明天，拥有自己的庆典。"

"班队会上，我讲了很多，那时，我生命在场，学生的生命也在场，我感受到暖暖的力量在流动，每一个学生的小宇宙在熠熠发光。

"当我还欣慰于大家的成长和表现的时候，心里却又闪现出一个不好的细节，这样的细节，不止一次地在班里出现了。

"先回到今天上课的那个细节吧。课上，我们复习完了《舟过安仁》这首诗歌，我让大家默写。当时我手拿一把纸扇，在教室里踱步转悠，竟有几分诗意。看大家默完之后，我乘兴说：'大家知道七步诗的故事吗？我也可以七步来一首诗歌。'

"我站定，打开纸扇摇着，吟道：'一叶纸扇一书生，咬文嚼字班中

行——'

"正当我兴致而起的时候,班里有个别同学,特别是几个女生,发出了'yai——'(拖长音,发三声,你可以想象那种声音),一脸不屑。这让我颇为扫兴,于是作罢,转而回到了课文的学习中。

"虽然我不期望你们会给我多么大的赞美,因为我的内心是成熟的,但是,那种情形之下那几个同学的表现真让人扫兴。

"或许他们不是故意的,但也正说明他们已经形成了这样不好的习惯。

"过去,我非常清楚地记得:只要我在班上公开表扬或者赞美某一个或者几个同学的时候,总有孩子发出这样不屑的声音。

"孩子,你发出这样的声音,并不会显得你了不起,你很神奇,而恰恰证明你没有教养,不文明。

"一个文明的孩子应该是心中有阳光,爱赞美的孩子。

"赞美,对于他人而言,特别对于同学们来说,是一种期许,是鼓励。大家年龄还小,非常需要赞美,这会让大家更加有动力。

"今天的班队会课上,我表扬了很多进步大的同学,也表扬了很多一直很好的同学。大家坐在那里,从大家的眼神中,我能感受大家希望得到我的肯定和赞美,当我发出我的肯定和赞美的时候,大家的精神更加蓬勃了。

"同时,你敞开心扉,赞美别人,你才能更宽容,接纳更多美好,你才能更渴望向别人学习,成为更加美好的你。

"爱赞美,才能让我们班级有动力,形成好的班风。这些发出怪声、发出不屑的声音的同学,无疑是在把我们的好的班风往不好处拽,不管你承认与否,这是实际的结果。很多坏的班风,就是这样一次次给拽坏的。

"孩子们,你们的人生还很长,你将来会知道,会赞美别人的人生会有多么幸福,会有多么自由。

"赞美别人,欣赏别人,是一种气度,一种发现,一种理解,一种智慧,一种境界。当你开始赞美别人,欣赏别人的时候,说明你有了气度,有了智慧,有了境界。你有了幸福和自由啊!

"孩子们,请学会赞美吧,为了别人,更是为了你。"

> 无限相信书籍的力量，是我的教育信仰的真谛之一。
>
> ——苏霍姆林斯基

写给 2013 届毕业生的信

亲爱的同学们：

大家好！

我一直有这么一个冲动，想给大家写一封信！但是由于工作比较忙，一直拖到现在。

也许是我多此一举，因为大家都毕业了，意味着我的使命已经结束，我的教育任务已经完成。我似乎没有必要再进行我的说教！

但，从我手中毕业的学生，如放飞的风筝，无论飞多远、多高，总系着我们相处的痕迹，总有我期待的目光。我渴望从我手中毕业的孩子能走得更好，飞得更高！

2013 年毕业的孩子们，虽然我们仅仅只有一年的相处时间，但对于我来说，留下了太多的回忆：忘不了你们的一次次精彩的演讲，忘不了我们的感动班级十佳人物评选，忘不了我们的元旦联欢会，忘不了随笔课上同学们一篇篇精彩的佳作，忘不了我们温馨和谐的相处。尽管，有时为了完成学校的许多应急性任务，大家没有完成我的要求时，我会着急发火，但是你们却始终宽容，没有责怪过我，更多的是对我的体谅和认可！感谢你们！

我写这封信，不是和大家叙旧，我是有一个担心，同学们到了初中之后，由于课业负担加重，便会不再读书或者很少读书。

我对咱们班最最满意的是：我们班同学的读书状态非常好，有那么多的同学读了大量的书，许多同学读书读到了入迷的状态。我认为读书是人的一生之中最最重要的一个习惯，她可以丰盈我们的人生，让人生充实，更能实现我们的价值，对于我们将来的中考、高考作用也是巨大的。

我们有好多同学已经形成了这个好的习惯，我不希望大家升入初中之后便把这习惯丢了，那太可惜了，那将是你们人生的巨大损失。

我在这里对大家加以提醒，希望大家有时间能大量地读书，如果今后你们的老师也有如此的要求和想法，那我便是杞人忧天了，但如果老师不重视，你们自己应该多加重视，自己找书读，读大量的书，向名著、向"大块头"进军。抽时间读大量的书不仅不会耽误你的学习，而且能使你面对考试更加游刃有余，特别是到了高中之后，有潜力可挖；升入大学之后，参加工作之后不会止步不前，会让你的人生之路走得更远！

我小时候不知道读书的重要，并且在当时除了课本也无书可读，现在自己虽也算用功，尽量多读点书，但也无法弥补我的缺憾——文字功底差。我有一个好朋友——布老师，他现在已经借调到教育局了。他在小学初中的时候就已经把金庸的"飞天连雪射白鹿 笑书神侠倚碧鸳"十四部著作读了三四遍了。读书甚多。读书量我无法和他相比，文字功底也无法和他相比。虽然我也努力，但好像已无法超越他了，这也成了我的遗憾。

当然，跟大家说这些并不是希望大家沉迷于读书，对学习弃之不理。大家要在完成正常学习任务的情况下多读书，海量阅读。

好了，就聊到这里吧。好在，心意已到！

你们永远的宋大哥

2013.12.24

爱是教育的前提，但这不是教育的全部，由爱升华为责任——对孩子的一生负责，这才是教育的真谛。

——李镇西

2014年正月初六写给毕业生的信

亲爱的同学们：

之前给大家写第一封信，已有多此一举之嫌，现在给大家写第二封信似乎更是画蛇添足了。但是，面对这漫天飞舞的雪花，我的思绪竟然禁不住纷飞起来，一如片片雪花飞扬，舞蹈。

四周静悄悄的，皮鞋踩在雪上，发出"咯吱""咯吱"的声音，显得格外清晰。我喜欢这种感觉，在这样静寂而不乏浪漫的夜晚，演绎着自己人生的"独角戏"。

我想了很多，也想到了大家，感觉：面对这2014年第一场飞舞的雪，很有和大家聊一聊的冲动，好像不和大家聊聊竟是对不起这美景一般。不是教育，不是要求，而是朋友之间的交流。我想说的第一句话是：人可以平凡，但不能平庸。时已晚上十点左右，好多人已经酣然入睡。而你们的宋大哥却还很"二"地在雪中走来走去，听那双脚踏雪的清脆的"咯吱"声。这足以说明你们的宋老师没有老，还没有老气横秋，还没有对什么事都很麻木，还有几许的童心和浪漫。你们的宋老师很平凡，甚至有些笨拙。我曾经给大家讲过我小时候的故事，笨笨的，学习一直不是很好，犹如一只小猪，但却是一只渴望飞翔的小猪。虽然平凡，但是我没有让自己平庸，我也一直在努力着。

有本书叫《哈佛凌晨四点半》，应该是这个名字吧，我没有读过这本书，只是从某个刊物上见过这个书名。哈佛学子应该是天之骄子吧，但是天之骄子并非天生神通。凌晨四点半还没有结束自己的学习，或者凌晨四点半已经开始了新的一天的学习。想获得超人的成绩需要付出超人的努力。

或许有些同学在学习这条路上走得不远，不管将来干什么，我们依然是铁哥们。我希望大家不论将来干什么，都应该：可以平凡，但不能平庸。你们依然值得宋大哥骄傲和自豪。

想起前些日子咱们班中有几个同学来找我玩，我问梦瑶近来学习咋样，梦瑶笑着说还可以。忘记了是晓兰还是雅琪说：老师，你放心吧，我们不会给你丢脸的。当时，我的表情很淡然，但内心已涌起了感动，当时，晓昕、建醇、庚辰、浩宇、雨等在场的同学都在看我，我看懂了他们的眼神，他们也在用眼神告诉我：老师，放心吧，我们不会给你丢脸的。

每每想起这句话，我的眼角都会有些湿润。这并不是什么豪言壮语，但出自学生之口，就是让我感动不已。至今，我仍会经常想起这句话。

有的家长给我发飞信说我是"树大木者"。我想，真正的"树大木者"是各位同学的家长。我给大家讲个小故事：有个小女孩和自己妈妈吵嘴了，便离家出走了。天气很冷，小姑娘身无分文，已经离家好久了，饥肠辘辘的。她多想能吃上口热乎乎的饭啊。她在一个面摊前徘徊了很久，一位好心的老大娘看到她，就把她领到屋里，给她做了一碗热腾腾的面条，小姑娘感动得热泪盈眶，说："大娘，太谢谢你了。你不认识我就对我这么好，而我的妈妈却成天说我，批评我，对我太不好了。"小姑娘边说边抽泣起来。老大娘轻轻地说："姑娘，你说错了，我给你做了一碗面条你就感动成这样了。你却忘记了，那一个每天很早起来，给你做了无数碗面条的人了。你却从来没有被感动过。"这位女孩站起来，向这位大娘深深鞠了一躬，回家了。

孩子们，我可能只是那位给大家一碗面的老大娘。当大家告诉老师说：老师，放心吧，我们不会给你丢脸的。老师很自豪，很感动。但是我也同时希望，你们把这句话告诉自己的爸妈。当你告诉你的爸妈：爸妈，放心吧，儿子（女儿）不会给你丢脸的。他们会是怎样的高兴和自豪啊。在你爸妈生日那天，告诉你的爸妈，如果羞于表达，可以写张纸条送给他们。我相信这将是送给他们的最好的礼物。当然有的孩子不喜欢这样的表达方式，那么请把这句话记在心中，用行动践行这句话，那也很好。

  我还想说的是：为了自己爸妈，你们也得努力。请告诉自己的爸妈：爸妈，放心吧，儿子（女儿）不会给你丢脸的。

  漫天碎语，只表寸心，好在天公作美，就让这在路灯下曼舞的雪花送去我淡淡的祝愿吧！

宋大哥
2014.02.19

> 我认为，教育就是形成"可爱教育的能力"——使一个人对自己的成就和挫折非常关心。这一点，在我看来，乃是教育的核心，是教育的最宝贵之点；使一个人想成为好人，想竭尽自己整个心灵的全部力量，在集体的眼里把自己树立起来，显示自己是一个优秀的、完全合格的公民，诚实的劳动者，勤奋好学的思想家，不断探索的研究者，为自己的人格的尊严而感到自豪的人。
>
> ——苏霍姆林斯基

给毕业生的第三封信

孩子们：

　　大家好！或许，不应该这样称呼大家了，因为已经阔别了近三载。许多同学已经长得比我高壮了，已经成为了真正的小伙子和大姑娘了。而在我的印象深处，大家依旧是那些懵懂的孩子。在理性与感性之间，我选择了感性。

　　时间过得真快，与大家分别已经近三年了。大家都已经升入初三，开始经历一段废寝忘食，甚至殚精竭虑的生活了。

　　或许，我不应该再给大家写信了，岁月会冲淡一切，包括感情。而且教育的接力棒已经由我传递到你们现任的老师手中。他们都会像我一样渴望你们成长，希望你们快乐。但，在某个黎明的时刻或晚上躺在床上胡思乱想的时候，一种奇怪的感觉会袭来。我会想到大家，让我本来慵懒的心获得几许兴奋。

　　于是，冒出了再给大家写信的念头。

　　大家初三了。初三在人生路上可以算是一个节点。虽然，我只能做一个旁观者，在生命的交集中我们只有八十分之一，九十分之一的相逢，但那是真心的相逢，留下的是珍贵的回忆。那一年，我的笑容里，开着的是大家的花朵；那一年，我的生命中，写满了大家赋予的自豪。

所以，在这个节点，我还是愿意，挥动着手臂，为大家高呼：孩子们，加油！加油，孩子们！

初三，是一种怎样的生活呢？我是可以想象的。在我们县，中考升学竞争似乎更加惨烈。面对这场竞争，任何一个孩子都不敢怠慢，因为这决定着大家未来的路。

我近来喜欢用诗歌来表达我的感受。

我们有一份黑夜要忍受

［美国］狄金森

我们有一份黑夜要忍受——
我们有一份黎明——
我们有一份欢乐的空白要填充——
我们有一份憎恨——

这里一颗星那里一颗星，
有些，迷了方向！
这里一团雾那里一团雾，
然后，阳光！

是的，大家现在走的路上，正是有一段黑暗要忍受。而这种忍受也是一种成长。就像一粒种子，必须忍受泥土的黑暗，她才能完成一颗种子的使命，才能在最后开成一朵花。大家就像是一粒粒种子，这段黑暗是无法逃避的。既然无法逃避就去勇敢地面对吧。在这段黑暗中坚定地成长，让自己的生命力在这段旅程上得到最大的释放，然后，阳光普照，赢取生命的绽放！

无论你现在处于什么样的学习境地，有什么样的分数，请你将其看作生命路上对你的考验，坚定地相信你的路是通向美好的明亮那方，风雨兼程，且歌且行。

我经常告诉我的亲戚中的晚辈：在人生的关键时候，你自己要站出来拯救自己。是"你自己"，是"你自己"要"站出来"。无论你是否优秀，你的努力，你的冲刺，都是在为生命加码，都是在拯救自己。

  前一段时间，我写了一篇文章《孩子，我们为何要努力》，附在后面送给大家。

  希望大家成长，希望大家变化。《特别的女孩萨哈拉》中有一句经典的台词：故事的主角是那个一直在变化的人。每个追求变化的人才会成为自己人生的主角啊！希望大家快乐。要让自己成长，让自己快乐地成长，做自己人生的主角。

大朋友：宋大哥
2016 年 1 月 12 日

  尼采理解的人道，不是那种浅薄的仁慈，不是那种空洞的博爱，而是一种内在的精神的丰富。真正的爱，应该激发人的自尊自爱，而不是同情。

——周国平

给孩子们讲自己过去的事

  考试临近，学生们复习很紧张，或许他们不紧张，老师们紧张。语、数、英、品德、科学五门课轮番轰炸，不是考试，就是背诵。学生们感到很疲惫，也很无聊。我也很想和学生出去放放风，但害怕"心如旷野之马易放难收"，让他们出去疯一疯，本来就不紧张的心更加放松了怎么办？

  那该怎么给孩子减一减压，同时又能增加一些动力呢？我就给孩子们讲一讲我自己的故事吧！

  "你们复习很辛苦，老师给你们讲个小故事，这些小故事的主人公就是你们的老师——我。老师小时候可笨了（一说自己笨，孩子们立马用惊奇的目光看着我，哈哈），在班中总是靠后几名，老师经常批评我。但是，我就是成绩差，笨，没办法。到了五年级，那时候还有留级制度，老爸看到我成绩差，就找当时的校长让我留一级。校长同意了。当时自己傻傻的，也不知道留级是挺丢人的事，无所谓。

  "留了一级，成绩稍微好点了，因为我毕竟学了一遍了，也就有了点自信了。从此，我也变得很努力了。我很清楚地记得，那时候，我和奶奶住在老家，快考试了，我努力背书，奶奶都睡着了（奶奶睡觉打呼噜，呼噜声起来了就知道她睡着了），我还在灯下背书。奶奶有时候醒了，问我'还在读书啊'，我应了一声。她就让我快点睡，接着就继续睡了。但我还是继续学习。现在想来，那时候自己真是很自觉，感觉那时候的自己还挺了不起的。

"到了初中，学习很吃力，特别是英语的学习，很卖力了成绩也不理想。你们大家都比我聪明得多。但是，我没有放弃。临近考试，如果遇到周末，我会把自己关在屋子里，自己把所有的知识通读一遍。

"我真的很笨，很多知识别人可能一遍就记住了，我要记诵好几遍才能过。我现在回老家，村里的同学这样对我说：'上学的时候，你学习还不如我好，只是你下力气学罢了。我只要一学就能赶上你。'是啊，他聪明，但是不学习，现在他后悔了。当时，我上学的时候，我们村，我们这一级有21名学生，我是这21名学生中唯一考出来，有正式工作的。

"如果我不是很努力，也许我就没有机会给你们上课，更没有机会来这里给你们讲故事呢。说不定，我还在我们家的地里干活呢。"

学生都很专注地听着。真希望他们从中能听懂点什么！为了自己的将来，真要努力，不管自己现在学习咋样，不努力那是再聪明也没有用的。

给孩子讲这些，或许有点残忍，努力奋斗就会和自由快乐疏远。但是，再小的孩子，也应该培养他们进取的精神。当他们因努力而得到真正的快乐的时候，才能更加理解自由快乐的意义。如果他们能有进取的精神，再加上他们的聪明，才会"乘风破浪会有时，直挂云帆济沧海"啊！

> 给学生以心灵的自由，教师自己就必须是一个心灵自由的人。只有教师民主的阳光，才能照亮学生创造的原野。
>
> ——李镇西

民主下的"麻烦"

只要我带的班，每一届的班委都是通过选举产生的。我想这也是一种民主启蒙，有助于培养学生的民主意识。

一般情况下，我是这样操作的。首先鼓励学生积极参加班委竞选，告诉学生，当班委不仅能为班级服务，还能锻炼自己的能力。大家都是班级的主人，人人都应争着为班级服务，人人也都有机会。在小学，学生都比较积极，参加班委竞选的人都比较多。接着我让学生准备竞选稿，拿出两节课的时间，让学生演讲竞选。之后学生进行投票选举，统计获得的选票，选出候选人。最后，我会和以前的班委一起商议，根据候选人的优势和特长进行最后的分工。

新的学期开始了，新一届班委就要选举了。上周我让学生用周末时间好好准备，本周进行班委竞选。昨天中午第二节课组织了班委竞选演讲。参与的人很多，并且大多数都做了充分的准备，下课铃响了，最后一位——郭程同学刚好上台要演讲。由于接着是课间操时间，学校的广播已经响起来了，这就意味着应该赶紧下课，去做课间操，学校还要检查各班的到位速度呢。学生大多数没有听郭程的演讲，已经开始填写选票了。

第三节课唱票，统计结果很快出来了。但是结果却让我有些头疼了：天宇得了最高票，上个学期他是副班长，但是一直没有起到很好的带头作用，好多学生都向我反映过，有几次他竟利用手中的权力和同学做交易。因为我们班实行加分制度，每个班委有权给表现好的同学加分，他曾经有几次要求其他同学给他买东西吃，然后给他人加分。这就是孩子的思维！

对此，我曾经严肃地批评过他。可以说，一个学期天宇没有怎么给班级做贡献，做的错事却不少，但他却得了最高票。该怎么办!？

而郭程得到的票数却很少，没有进入候选人中。她上个学期是体育委员，负责班级的路队，起到了很好的表率作用。她口号响亮，管理认真，我们班的路队好几次得到学校的表扬，成为学校靓丽的风景线，她功不可没。但，选举结果没有她，也可能与她最后一个上台有关。我该怎么办？

我曾在班上这样说：民主就是人民当家作主，在国家中人民是国家的主人，在班级中你们就是班级的主人，班级中不是我说了算，而是你们大家说了算。过去的班委选举，与我了解的班级情况相似，所以流程很顺利。现在"说了算的"这样"说"了，但与我了解的情况不一样，我该怎么办？

在民主制班级里，班委起到了很大的作用。现在我带的这个班，由原先的一个乱班，变成现在这样一个很和谐、很上进的班集体，班委和同学们都付出了很多努力，我怎么舍得把"她"交给一个经常犯错，还有些自私的孩子呢？

我有点束手无策，就向同事请教。同事说：你那么麻烦干啥，小学生还知道什么是民主。你大手一挥，定了就可以了。

同事这样一讲，我心里更矛盾了。如果真大手一挥，那就违背了我班级民主管理的初衷了。如果让天宇当班长或者副班长，而让郭程不当班委了，我还真有些担心。

人们都说：有问题，找百度。我在百度上输入关键词，也没有找到让我更加明朗的办法。无意中打开《班主任》，看到了田丽霞老师的《且读且思，且行且悟》一文，文章的第一个小标题就是：走进学生做伯乐，转化视角找优点。田老师谈到对班委的任用问题，对我很有启发。我还是习惯用一成不变的眼光看待学生们。

或许，民主的麻烦，也带给我们更多的思考。

作为教师，当然没有必要要求自己成为思想家，成为哲学家，但是，应该能够成为一个热爱思考，善于思考的人，因为我们从事的工作，我们面对的学生，是世界上最为复杂的现象，最为复杂的对象。

——朱永新

随手一扔而引发的教育

这几天一直下着小雨，天阴沉沉的。秋的味道越来越浓。

一早来到教室，开始一天的读书。学生陆续进入教室。有个学生很着急地走过来告诉我：一凡因为乱扔垃圾，被校长逮住了。这事若发生在过去，我早就怒火中烧了，我是不允许有破坏班级荣誉的事情发生的。班级荣誉来之不易，需要所有同学的共同努力，如果谁因做错事，被学校领导逮住，破坏了班级荣誉，我是一定要狠狠地批评的。

这次，我心中虽有些不悦，但是，并不是很生气。

一凡进入教室，我把他叫到身边，让他把大体情况描述了一下：手中有个塑料袋，随手一扔，被校长发现了，批评了他。

一凡平时做事太随便了，才会有这样的举动。他在我面前向我描述这件事的时候，还无所谓的样子，好像在说：不就是扔了一块垃圾，有什么了不起啊！

看来他已经做好了接受批评的心理准备，他的无所谓，实际是装的，因为害怕我的批评。

我说：你怎样看待这件事呢？

他说：我手中有个袋子，我就随便扔了。我又没有看到校长。

我态度很温和：可以肯定你是无意的。我相信你，我完全相信你，你并不是故意破坏环境。

他没有想到我有这样的语气，我会这样平心静气。

我顿了顿接着说：但校长在与不在与这件事有很大的联系吗？

他是非常聪明的，这样讲，他是明白的。

他默不作声，刚才的无所谓的态度几乎看不到了，眼圈有些红了。

我说：男子汉做错事，就应该面对事情。刚才你很坦白地交代了事情的经过，这就非常好。但是做错事就应该接受惩罚。你选择怎样的惩罚？

他支支吾吾地没有说出好办法。

我建议他去校园中捡上十块垃圾。当然，他认为不合理，可以不做。

他有些迟疑，但还是比较认可的，慢慢悠悠地出去了。过了好一会儿，他走到我面前，手里抓着一团垃圾，有糖纸，有塑料袋，也有小碎纸等。

我走上讲台，我让大家先放下手中的书。我说：好久没有讲故事了。给大家讲一个故事吧。

有一次日本学生和中国学生一起看一场露天话剧。看话剧的过程是允许吃零食的。话剧结束之后，所有学生都离场了。当工作人员去清理卫生的时候，他们惊奇地发现，在日本学生坐的地方，是非常干净的，几乎像刚刚入场时一样。而在中国学生坐的地方，却是另一种景象，垃圾遍地……

讲完这个故事之后，我让孩子们说说对这个故事的体会。有很多学生说：中国的学生不文明，乱扔垃圾，破坏环境。

我请大家实话实说，在学校、在教室乱扔过垃圾的学生举手。有不少学生举起了手。

我接着说：举手的孩子是诚实的，这一点应该表扬。当然，没有举手的孩子也值得表扬，因为他们做得很对。是啊，很多时候，当一件事摆在我们面前，我们用是非观念去看的时候，能很清楚地判断谁对谁错。但，同样的事情放在我们自己身上，我们很多时候却是做不到，做不好的。这就是口号谁都会喊，主要还得看行动。

看一个人是否文明，并不是看他读了多少书。有很多人，尽管读了很多书，有很高的学历，但行为举止还是野蛮人。一个人的文明不是体现在他考试考了多少分，他口头表达能力多么强。而是体现在细节上。随手扔上一块垃圾，许多人会说没什么了不起。但，它与随手捡起一块垃圾的文明程度，可谓是天壤之别。孩子们，或许你们还没有意识去主动拣拾地上的垃圾，但，我希望每一个孩子，首先不做环境污染的制造者。那样，我们就离文明更近一步了。

我真不知道，我这次讲话，能起到多少作用，因为，教育是复杂的，是长期的。如果你以为简单地讲上几句话，就能让学生发生大的改变，那你可能还没有真正懂教育。教育没有捷径。

但是，遇到这样让人沮丧的事情，我没有让事情往坏处发展，而是向好的方向发展。我能用孩子的随手一扔这个教育契机，对孩子进行教育。这，也算是一种成功吧！

教育不应该把眼睛看着儿童发展的昨天，而应该看着儿童发展的明天。只有走在发展前头的教育才是最好的教育。

——维果茨基

我没有心情写作业

早上，检查国庆放假的作业。放假前，我安排的作业比较少，原因有二：一是希望家长能领着孩子们出去游玩一下，二是希望孩子们有时间能多读点书。

但是，从检查的结果来看，孩子们做得并不是很好。孩子们已经习惯了做书面作业，如果是读书或实践作业，很多是应付，甚至不做。也许，跟我平时对作业要求不是很严格有关，有的同学没有做作业，我只是让他补上，没有更多的惩罚，可能也助长了部分懒惰的孩子不认真做作业的习气吧。

我让小组汇报各个小组作业完成情况。文泉的组长汇报说，文泉作业几乎没有做。我把文泉叫起来，心平气和地问他：为何没有写作业？

他的回答也很淡定：我没有心情写作业。

学生一下子都笑了起来。

我有些恍然，心中大怒：你没有心情写作业，就不写啊，你以为你是王子殿下啊，干什么都凭心情做事啊！

但是，我忍住了。对于文泉的家庭情况我是了解的，文泉本来是双胞胎兄弟俩，他的父母离异，弟弟判给了他妈妈，他判给了他爸爸，他爸爸几乎不管文泉。后来，他爸爸又再婚，后妈也对他不好，他成了家里备受冷落或指责的"丑小鸭"。

我很理解孩子的处境。但是，挺聪明的孩子，不完成作业，不学习，这样下去怎么能行。

课上任务很多，我不能因为和他交流耽误太多的时间，于是让他下课之后去找我。

　　下课之后，他告诉我：老师，我的后妈生小孩，我真没有心情写作业。

　　我感觉心中被刺了一下。五年级的孩子，半懂事不懂事的，爸爸对他本来一直不好，如今后妈生了小孩，他以后的日子……孩子心中苦啊。这么小的孩子心灵就蒙上这样的阴影，对他来说是多么不公平。

　　但是，我却无能为力，对于他的家庭我无法干涉。我也曾经和他聊过，要他对后妈好一点。我让他这样做是为了使他从后妈那里得到认可和些许关爱。不知道他有没有做，还是他后妈就是一个"厉害"角色，不吃孩子这一套？很少看到文泉有笑脸，眼中总是充满忧郁。

　　我告诉他：这次没有心情写就不用写了，希望你调节好自己的心情，当有心情的时候要好好地学。

　　他点头应着。

　　对于文泉这样的孩子，不完成作业，上课不听讲，我们该如何教育呢？我们如果仅仅是批评、指责、冷落、歧视，会让孩子走向更加痛苦的境地，我们只有对他多一些宽容与谅解了。

教育意味着让人成为一个现在就感到快乐的人。这个快乐显然主要不是指吃得好穿得好，甚至也不仅仅是指成才以后将来谋得一份好职业以便过上好日子，而是孩子在受教育的过程中，不仅充分体验到求知的快乐，思考的快乐，创造的快乐，成功的快乐，而且还充分体验到纯真友谊的快乐，来自温暖集体的快乐，来自野外嬉戏的快乐，来自少年天性被纵情释放、青春的激情被随意挥洒的快乐……

——李镇西

不认真复习，我咬你

　　下周一就考试了，复习进入了白热化阶段。噢，不，讲错了。我想即使明天考试，孩子们的复习也无法进入白热化阶段。孩子们在他们的世界里悠闲自得，即使你着急得头发燎着了，人家玩心依旧。

　　玩，是孩子们的天性。不玩，是傻，就不正常了。所以，你不能干涉孩子玩，那是抹杀人家天性啊。

　　想来，孩子们也够可怜的，那么点知识，翻来覆去给捣鼓了多少遍。烦不烦啊！想想教师真烦人，孩子会的，捣鼓了那么多遍，我们还得让人家陪着那些不会的继续重复。不会的孩子，你还得非逼着人家捣鼓。就是捣鼓了也没有用，你费了九头牛的力气让人家学会做的题一定不考，人家的考试分数还是"涛声依旧"。净做些无用功，人家不烦咱，才怪了。人家不骂咱，咱就烧高香了。谢天谢地吧！

　　想到这些，看着孩子们，我的心中充满了怜悯与喜爱。差异是必然的，所以没有完成作业也是必然的，所以复习这么多遍有的孩子依旧考得差是必然的。所以，别急，就是急死也没用。

　　所以，俺就很快乐地看着孩子们，把他们也看得很开心了。快放学了，我不知道哪根神经错乱，竟然冒出一句：好好复习啊，不认真复习的，我咬你！（后来，我想起自己冒出这句话的原因了，刚刚和儿子看了电影《超级眼睛狗》）说这话的时候，我笑了，孩子们更是大笑。孩子们还说，俺老师以前一定被狗咬过，没有打狂犬疫苗，说不定什么时候就过来咬我们一口。或者，俺老师本身可能就是一只狮子或者是一条狗，或者干脆是一条狮子狗……不行，回家之后，得好好复习，不好好复习，晚上会做恶梦啊！

  放学之后，可欣来向我告状，说课下浩宇经常挠她。我顺便来了一句：告诉浩宇，他再挠你，我就咬他。哈哈，我是不是真疯了，咋不说人话了呢。

  有句话挺有意思的：我做老师，我最起码不做一个精神分裂的老师，我在生活中什么样子，课堂上教室里也什么样子，不另作（请按阴平声念）出一副老师的样子来。

正如学生需要教师的表扬一样，教师也需要学生的表扬！班主任影响科任老师的方式之一，便是及时做好学生和老师之间的感情传递工作，让老师们觉得：这些学生真好，我真应该更好地教他们！用孩子们自己的话感动教师，鼓励并进一步激发教师的爱心，比我这个班主任找他们谈一百次都管用。

——李镇西

好学生可以造就好教师

音乐老师是个不严厉的老师，于是孩子们总是在音乐课上捣乱，让老师很生气。我了解了这个信息之后，和学生们说："我要和同学们做一个实验。"一听说做实验，学生都很兴奋。

我接着说："音乐课上有的同学表现不好，喜欢捣乱，对吗？"

不少同学点头应着。

"今天下午第二节是音乐课，大家都自己严格要求自己，整节课都表现好，我们一起看看你们的音乐老师会有什么表现。好不好？千万别告诉你们的音乐老师啊！"我故作神秘地讲。

学生都很兴奋，可能感觉是件好玩的事。

下午第二节音乐课后，音乐老师遇上我就兴高采烈地开说："咱们班的孩子太好了，一节课让我感动了好几回，都那么认真，眼神那么真挚，好久没有这样被宠的感觉了。"我听了，笑了起来。

到了班里，我听孩子们也谈论起来："音乐老师表扬了我们好几次啊！""过去音乐老师总是批评我们，生气的时候就不讲课了。今天很好。""音乐老师唱歌的样子很美啊！"……

趁着大家的这种热乎劲，我在黑板上写下了：好老师　好学生。

我请大家说说这两者的关系。

很多孩子不假思索地说:"那还用说吗,好老师教出好学生啊。"

我问大家"还有吗",没有人回答了。

我明确地说:"是的,好老师是可以让学生变成好学生。但,大家可能没有意识到,好学生也可以造就好老师。大家在音乐课上的表现,不就让你们的音乐老师变得那么美丽,那么好了吗?你们的音乐老师已经告诉我她上课是快乐的感觉了。试想,如果一个教师感觉上课很爽,她还会不认真上课,不热爱大家吗?"

看到孩子们赞许和欣喜的眼神,我也由衷地高兴。孩子们因为他们的存在让别人和世界变得美好,他们成为了幸福的传播者,他们也会幸福,他们会向着更高的道德层级攀升。

当有更多的教师来表扬我们班的学生的时候,我总是会心地笑着。我相信,因为这些好学生们,我们教师也在不断地成长着。

> 说"要善待他人"很容易。但这种情怀是需要培养的。只有当这种内心状态是相互的，也就是说，当教师愿学生好、学生愿教师好时，才能把它培养起来。这是学校生活的最细微的和谐。
>
> ——李镇西

得意门生——李蓬勃

好久之前，就有这个冲动要写一写我的学生——李蓬勃。一直很忙，也就没有动笔。今晚感觉再不写一写，好像对不住她一样，自己也不能释怀。于是，先放下手头别的工作，来写一写她。

蓬勃的父母是做小生意的，非常忙，外加她还有一个小弟弟，所以对她几乎是无暇顾及。她的父母文化水平也比较低（每次家长会，她妈妈都会很诚恳地对我说：宋老师，俺文化低，孩子根本辅导不了，您多费费心吧），所以，蓬勃的学习是不会有人督促的，很多时候，她还要照顾她的小弟弟。从她穿好久的粉红色外套，从她有些蓬乱的头发，我也能感受到，父母对她的关注少得可怜（实际上，以教师的敏感，从学生的衣着和状态，就能对学生的家庭情况以及父母对孩子的关注程度有个大体的估摸）。

但就是这样一个孩子，我由衷地喜爱，甚至敬佩。

虽然没有人督促，蓬勃的学习成绩没得说，始终在班上前三名。很聪明，不，智力水平一般。很努力，不，学习也不是很卖力。我更喜欢用一个词来形容她：用心。

接班的第一年，我对她没有什么印象。我也不知道，她是一直学习就不错，还是自我接班之后才转变的。我这样想，并不是没有根据，我感觉她很像我以前的一个学生——晨。晨原先是班上中下游的学生，几乎不写作业，对教师的惩罚置之不理。自从我接班之后，班里有了宽松的环境，晨才一步步突出拔尖的。

今年教师节，很多学生都送我钢笔、鲜花、大的皮本子，大多我都婉言谢绝了。但蓬勃送我的一张普通贺卡，都让我如宝贝般珍藏。贺卡中有她的一段文字：

亲爱的宋老师：

您好！

今天是教师节，也是我们在校和您一起度过的最后一个教师节了。一想到明年的今天，我们就会和别的老师一起过教师节了，心中便特别珍惜这一天，这一年。

还记得您刚当我们老师的时候……

宋老师，遇到您或许是我生命中的一个转折点。因为，如果没有遇到您，我可能做什么事都像从前一样，只要完成老师的要求就只顾着玩。可现在的我与以前大不一样了。现在的我，每天沉浸在书的海洋，也有了自己追求的目标。而改变这一切人，就是您。如果不是您一而再，再而三地教导我们要多读书，我不可能拿起书本，然后就再也放不下了。不过，我现在很享受这样的生活，每天在文字间飞翔，成了我最快乐的事。

宋老师，感谢有您！

愿您开心快乐！

您的学生

李蓬勃

蓬勃是一个很内向的孩子，也不善于表达自己的情感。她写的话，我相信是她最真实的感受。我想到了池田大作的一句话：每一句话都是一颗心。从蓬勃沉静的文字中，我感受到了她是一个有心的孩子，感受到了她的一颗广博而热忱的心。

班上大多数同学中午都在学校食堂就餐，只有三个同学回家吃饭。我安排回家吃饭的同学下午放学之后整理一下教室。由于，另外两个同学有时候要替老师发一发作业，所以，不少时候，整理教室的就只有蓬勃一个人。我见到过多次，教室里她一个人安静的身影，独自摆好桌椅，独自锁好门，独自把钥匙送到办公室。一个多学期都是如此，从没有怠慢过，也从来没有抱怨过。

足球比赛，李蓬勃是守门员。

她怎么会成为守门员呢?！

她如此安静，动作甚至笨拙。当初成立女子足球队的时候，不知道如何阴差阳错地让她成为守门员了。

但就是在上周举行的足球比赛中，我们班连续战胜对手，最后获得亚军的好成绩，她立下了不可磨灭的战功。

她守门的水平不高，不，甚至很糟糕。我看到她在守门的时候，那笨笨的动作，我都替她着急。而让我为之感动的是她的态度。

我们班和六班踢球时，我全程观看了。当时，六班有两次射门的机会，都被蓬勃扑住了。我此时依然能在脑海里清晰呈现她当时扑球的动作和表情：她身子斜躺到了地上，球紧紧地抱在胸前，紧紧咬着的牙齿，咧着嘴，目光狠狠的样子。

这就是那个文静的女孩，一个几乎不讲话，动作不协调的女孩！

看到她扑球，我有说不出的感动，她应该是在为班级拼了，在为班级争光，但是，此时我所能体会到的是：一个顽强生命的展现，一个生命在蓬勃、在奋进中展示的那一刻。生命的小宇宙让这个文静的女孩如此美丽，如此强大！

蓬勃——我由衷地喜欢，敬佩！

> 父母的一言一行，是孩子的教科书；父母的精神高度，是孩子成长的天花板。
>
> ——童喜喜

寒假致家长的一封信（一）

尊敬的家长：您好！

时间总是如此荏苒！放假已经将近一周了，我想很多孩子已经从放假初的兴奋，转入一种无聊状态了吧。或许，这个时候，正是我该出手的时候了，也是家长应该出手的时候了。

我想用几封信和大家继续聊一聊我们一直在做，但做得不是很好，至少是参差不齐的一件重要的事情——阅读。

我们总是喜欢很新奇的东西。当我们第一次听说一种思想的时候，总会感到很新鲜，因此会认真地去领悟和学习。但当一个思想经常被提及，我们失去了最初的新鲜感时，我们反而会忽略它的意义，从而也就做得不好了。

阅读就是！

寒假语文作业我只安排了两个任务：阅读和写作。我认为这是小学语文甚至整个小学，所有学科最重要的两项技能。我习惯称之为：一个人能否腾飞的两翼。阅读和写作决定着一个人将来是平庸还是卓越。阅读和写作是人的两翼，她们会让一个人由平庸飞向卓越。

寒假的阅读和写作，我和学生的约定是有挑战性的：阅读100万字，书写8000字。100万字意味着读上大约十本童书。8000字意味着写上20篇400字文章。我想对于很多优秀的学生，达到这个目标并不是很难。我这是针对中游的学生。我自己的寒假挑战目标是阅读200万字，写30000字的文章。为何立这个目标？因为我想挑战自己，更希望给学生树立一个榜样和目标。我希望我是举着大旗喊着：同志们，跟我冲啊！而不是在队伍的最后面喊：同志们，向前冲啊！我也真心希望咱们班的同学能挑战我，超过我。

阅读100万字，不好跟踪评价，所以我希望家长能深度跟踪。甚至，我希望家长们，孩子们读的书，你们也跟着读，和孩子们一起挑战。当孩子读完书之后，你们相互交流，让孩子写出读后感，家长读一读。试想，孩子一个寒假能读上100万字的书，家长也能读上这个量，这对孩子是多么大的鼓励啊。家长朋友们，加油，请加入我们的共读共写共生活的行列之中吧！

我需要大家，孩子们更需要大家！

真正的家庭不仅仅是吃、唱、拉、撒、睡的凡俗场所，而应该是一个文化场所。过去可以不是，但是，我们要让家庭慢慢地变成一个文化场所，变得有文化味。当父母翻开书读起来：父母的一言一行，是孩子的教科书；父母的精神高度，是孩子成长的天花板。

如何让家庭成为文化场所呢？唯有阅读！

我们继续探讨：什么是阅读呢？

阅读是一种能力，一个孩子如果拥有了这种能力，就拥有了最重要的能力，就拥有了一生的无限可能。

阅读能力就是把文字转化成图像的能力。美国心理学家研究儿童阅读的时候发现，儿童阅读是左右大脑两个区域一起运行的。可以当之无愧地称阅读为：大脑体操。为何阅读能促进脑子更加灵活？这就是原因。

同样，阅读能力就是感受力，思考力，想象力，理解力……当在阅读的时候，孩子们（家长阅读也是同样的）会经历故事主人公的遭遇与经历。而这些"经历"，无疑会让孩子有了更多的"经历"，有了感受力，有了思考力，思考自己的经历，思考自己经历了主人公的经历会如何，想象自己的将来，想象自己应该像主人公一样……

再说一说大家最关心的问题：考试。为何阅读能够提升各科的成绩呢？无论做哪门学科的题目，我们在做题之前都要阅读题意，理解题意，而很多学生这一步就做不好，无法正确理解题意，就很难把题目做对、做好了。曾经有个局长这样讲：我曾是一名物理老师，刚刚参加工作不久，就发现一些学生在看书或者做作业的过程中经常会出现一些奇怪的错误，经过仔细观察和研究，我发现这些错误的根源是学生阅读素养低下，缺乏必要的文化素养，不能正确理解语义。

现在孩子们五年级，尽管数学比较简单，但是，我已经发现很多孩子学习也比较努力，但是却学得吃力，即使能死记硬背地学会了，考试也无法做对题目。原因？不具备知识背景。而这个背景是怎样得来的？

唯有阅读！

苏霍姆林斯基把这个知识背景称为：第二套教学大纲。课本知识为第一套教学大纲，而与语文相关的课外书为第二套教学大纲。如果第一套教学大纲的学习出现困难，不能仅在第一套教学大纲中抓反复，因为学生的大脑皮层处于一种抑制状态，而应该发挥第二套教学大纲的作用。就是大量地阅读，不断刺激大脑皮层，达到自动化读写（要完成自动化阅读，三、四年级阅读量应该在1000万字左右），从而真正改善学生的学习情况。

无论是理论还是实践都已经证明：阅读是学习第一动力！

亲爱的家长朋友们，孩子们的成长和改变需要你们。加油！加入我们的共读共写共生活的行列之中吧！让孩子因为有你这样的家长而感到荣幸和自豪！让书籍滋养孩子们和我们的生命！

懂得阅读的孩子，在任何环境中、在任何处境下，都必然是热爱学习、痴迷创造的好孩子，必然会发生自由灵动的创造，必然会拥有完整幸福的人生。

——童喜喜

寒假致家长的一封信（二）

尊敬的家长：您好！

首先给大家拜个晚年！可能年底很忙，我年前的信，很多家长没有给我回复。这让我想到一句话：很多时候，如在沙漠中唱情歌。也罢，但我依旧：晨兴理荒秽，戴月荷锄归。我们继续谈阅读。

朱永新教授曾经说过，孩子可以分为四种：一种既不爱教科书，又不爱课外书，必然愚昧无知；一种既爱读教科书，又爱读课外书，必然发展潜力巨大；一种只读教科书，不读课外书，发展到一定阶段必然暴露出自身的缺陷和漏洞；一种不爱教科书，只读课外书，可能在考试方面不太理想，在升学和就业方面受阻，但完全可以凭借自己的兴趣，打造一片属于自己的天地。

是啊，阅读如神奇的魔方，能帮孩子演绎出精彩的未来。

刘向曾经说：书犹"药"也，善读者可以医愚。

但是，书是"药"吗？很多人都认为，书就是药，所以只有当孩子的"身体"遇到问题的时候，才会选择书。更多的家长选择的是辅导书，而不是课外书。

我们经常看到或者听到：孩子对爸妈说"爸爸，妈妈，我想买这本书"，爸爸或妈妈会利索地回答说"不买，家里还有书没有看完，还想买"。

是啊，这话听起来很有道理：买了书不读，不就是浪费吗？

家里有书没读，就不买新书：这，正是把书当药的最典型的想法——家里有药没有吃完，就不用买药啊。

越来越多的专家研究表明：书非药也，而是粮食。孩子的成才，以食物为粮食。孩子的精神成长，书籍是粮食。

很多家长都不会把书籍当做粮食，孩子想多买几本书，家长会阻止，认为是浪费。而同样去买鸡腿，买吃的，买零食，家长大多时候都是毫不犹豫。家长算一算，一年你买书才花多少钱，而你给孩子买零食和饮料要花多少钱呢？

因此，很多孩子身体长得很高大，但精神却是很矮小的。

上一封信我们谈到：要让家庭成为文化场所。我想，家庭成为文化场所的一个很重要的标志，就是家庭藏书。在孩子的书房或者卧室建个简易的书架或书橱，上面放满孩子喜欢的上百本或者几百本图书。家长会问：这些图书有用吗？

美国国家教育进展评估会的研究显示：家庭藏书越多，孩子的写作、阅读和数学能力就会越强。

据新闻报道，美国内华达大学发布了一份研究报告，他们研究调查了27个国家的7.3万名学生，发现家里有藏书的比没有藏书的孩子，大学毕业的比例多了20%。并且，在中国大陆，家庭藏书500册以上的，孩子接受教育的时间比没有藏书的家庭平均多出6.6年。

这就是过去所说的书香家庭或书香世家啊。6.6年意味着，如果一个孩子高中毕业，书香家庭的孩子研究生毕业；一个孩子专科毕业，书香家庭的孩子博士毕业。

书是粮食，能让孩子精神强大。

书是粮食，就意味着读书见效不会很快。很多家长抱怨：我的孩子已经读了几本书了，咋还没有效果呢？试想：谁家的孩子吃上几根鸡腿就由一个很瘦弱的人长成一个强壮的人了？

但是，食补胜于药补。

一个孩子身体强壮了，小病小恙的无关痛痒。

去年毕业的学生家长来咨询我：担心孩子进入青春期后自己不会引导

孩子。我告诉他：只要热爱阅读，而且阅读是全面的，不是单一的言情类的小说，孩子会很顺利地度过青春期，并步入一个很稳定地快速发展提高期。

  我所了解到的，毕业的学生中发展得很好的，都是那些一直在不断阅读，而又博览群书的孩子们。

  假期已经过去了大半，不知道孩子们读书挑战和写作挑战的情况如何了？我很期待！希望家长也能积极督促并参与。

您的朋友：宋磊
2015.02.26

我们不能设想，面对朝气蓬勃的学生，班主任没有激情。所谓"有激情"，至少应该首先表现在对事业的执着，对工作的热忱。我们选择了班主任，就选择了一种比别人更艰辛也更有价值的生活方式。其次，这种激情还表现为班主任乐于与童心为伴，与青春同行，使自己永远保持一种青春的心态。

——李镇西

"柔软"地行走

因为轮岗，我去了一所乡镇学校。第一天上班，正赶上学校月考。孩子们考试习惯不好，考着试还乱讲话，我多次提醒之后还是不听。这时候，级部主任跑来了，手里拿着一根棍子，边挥动着边大声喊："还想考试吗？不想考了就滚。"我能感受到这位主任的愤怒与无助。考场上安静了好长一段时间。

在这所学校，每一间教室的讲台上都放着一根粗粗的棍子，这是教室里的"惊堂木"，是用来吓唬学生甚至用来打学生手的。但，我发现它的作用是短效甚至负效的。班上依然有很多孩子非常调皮，甚至可以说是暴躁。

我希望我的教育能柔软起来。

被安排接手了新班，我把讲台上的"惊堂木"收了起来。我想，让孩子柔软，教师先要柔软。

班上调皮的孩子很多，上课乱动，乱讲话，下课疯了似地打闹。有几个孩子甚至中午偷偷地出校门上网。布置作业，我强调了好几遍，第二天上学问谁没有写完作业，依旧是站起来一大片。

我没有大声地指责他们，更没有暴跳如雷，而是静心地欣赏他们。我有一颗淡然的心，不急着用严格的规定去束缚要求他们，我想耐心地陪着他们，寻找教育契机，等他们慢慢改变和成长。

　　心平气和地欣赏学生的"闹"，慢慢地等待，慢慢地引导，这也是一种柔软。

　　一个孩子经常不写作业，问他什么原因，孩子说：妈妈又生小孩了，没有心情写。原来是后妈，本来他的爸爸对他就很不关心，现在妈妈又生了小宝宝，对他的关注就更少了。孩子心里的难受可想而知。看到他忧伤的眼神，我轻轻地告诉他：希望你的心情能慢慢好起来。

　　能理解孩子的难处，能设身处地地为孩子想一想，这也是一种柔软。

　　午读时间，学生正在共读《我的妈妈是精灵》，一个比较调皮的孩子没有带书来，就偷偷地走到一个女生后面，拽她的头发。我发现了，便走过去对他说："同学们，我们班有个精灵，他就是云哲啊。"孩子们挺惊讶，我接着对大家说："大家知道精灵是上帝派来的，上帝知道我很'厉害'，就派他来考验我一下，结果一考验才知道我真的很厉害，于是他背叛了上帝，就跟着我'混'了。"孩子们都笑了，云哲也笑了。

　　幽默是情感的润滑剂。用幽默去润滑师生之间的情感，和孩子们快乐地相处，快乐地生活。这也是一种柔软。

　　柔软是教师的一种行走方式。这要求教师少用指责性和批判性的语言对待孩子们，而多用建设性的语言、和善的语言来和孩子交流。对孩子的生命无限地相信，对孩子的生命深深地宽容和悲悯。

　　教师变柔软了，孩子们也会跟着你慢慢地变得柔软起来。

> 在学习中取得成就，这一点，形象地说，乃是通往儿童心灵中点燃着"想成为一个好人"的火花的那个角落的一条蹊径。教师要爱护这条蹊径和这点火花。
>
> ——苏霍姆林斯基

奖状可以这样发

小时候，奖状可是好东西。那时候，学期末总结发奖状，全学校也就几个孩子能得到奖状，所以，那时候的奖状大家都倍感珍贵，那真是荣耀啊！

现在，奖状多了，一个班几乎每一个孩子都有奖状，有的孩子期末的时候能得到好几张奖状。尽管如此，一说发奖状，孩子们还是很兴奋与紧张的，盼望着自己能得到奖状，盼望着自己能得到更多的奖状。

以前，我发奖状是根据孩子们平时的表现，表现好的给一张"三好学生"，表现一般的给张"进步标兵"，再差的干脆就什么也不给了，谁让平时爱捣乱呢。

发奖状，总是从教师的角度去评价学生。很多平时学习好的、表现好的孩子得到肯定，而那些平时表现差的孩子就很容易被遗忘。有的教师进行改革，让班委进行评价发奖状，以为班委的评价会更全面，但，结果出来之后，和教师评价差不多。

这个学期末，我把权利交给了学生自己，我告诉学生：你想要什么奖状，我就给你发什么奖状。学生们把自己想要的奖状报了上来，全班除了一个学生要"学习标兵"奖状之外，都是要"三好学生"。

看到这个结果，很多教师会想，学生们想得很美啊，你配得上"三好学生"奖状吗？你达到这个层次了吗？是的，从严格意义上讲，很多学生是达不到这个层次的。但是，可以把这个"想"作为一个美好的愿望和期许啊。

　　我按照每个孩子的要求，给他们发了奖状，我说：现在大家都是"三好学生"和"学习标兵"了。或许，你有些很小的方面还做得不够好，但是，这不是问题，因为明天和将来你可以做好。我相信大家，我坚信！

　　最好的教育是自我教育。荣誉也许会成为孩子们的"紧箍咒"，让孩子进行自我约束，自我教育，向更高的层次去兑现自己的期许。

> 为了使师生之间的友好、亲切和善意的关系经常保持和谐，教师必须十分珍惜儿童对自己的信任，应该成为儿童所爱戴的、聪明的保护人。
>
> ——苏霍姆林斯基

谁改变了谁啊？

昨天下午上活动课，由于是刚刚开始上课，活动队的学生们都在整理卫生。我和隔壁活动队的范娜老师在聊天。她的孩子在幼儿园生病了，就把孩子接来学校了，我们在聊有关孩子生病的问题。

这时候，紫嫣凑了过来听我们讲话。一会儿，紫嫣搭话了："孩子生病去济南儿童医院看病啊。"她接着说："我曾经去过，那里的人可多了。"

范娜老师认真看着紫嫣，又看看我，笑着对我说："你改变了她！"

范娜老师一直教我们班的美术，也对我们班的同学特别关注，对紫嫣的情况比较了解，可以说她见证了紫嫣的变化！

是啊，我们的紫嫣变化可大了，能够主动与老师交谈了，没有一点胆怯，没有丝毫自卑。教师不要仅仅关注那些优秀的孩子，在教室里的每一个生命都应该受到应有的尊重。而正是紫嫣这样孩子的改变，使我们的教育更有意义和价值。

同时我也在想，我在改变紫嫣的同时，紫嫣是不是也在改变着我：她在改变着我对教育的理解，在改变着我对教育的"信"——对生命无限美好的信，"相信种子，相信岁月"的信。实际上教育就是一个相互驯养的过程。我们在驯养孩子的同时，孩子们也在驯养着我们，改变着我们。我们在播撒阳光的同时，我们也在收获温暖。难道不是吗？紫嫣那十三个没有署名的"谢谢"，紫嫣那挥了一个多学期的手，那句简单的"老师，我想你"，不都是我收获的温暖吗！?

> 教育者的个性、思想信念及其精神生活的财富,是一种能激发每个受教育者检点自己、反省自己和控制自己的力量。
>
> ——苏霍姆林斯基

遥记那些消失了的校园

久违的阳光显得那么可爱。

上午去临池南北寺小学做一个关于"缔造完美教室"的报告。头一次去临池镇,感觉好远。汽车行驶了大约五十多分钟,才来到临池镇,又经过七拐八弯的水泥山路才到达学校。

学校原来坐落在半山腰。

习惯了我们县城学校的大气与现代,第一眼看见这所学校,感觉好古老啊。好像回到了20多年前,自己上学时的学校才是这个样子的。心中有种久违的感觉,也许在我的潜意识中,学校就是这个样子的。或者,我的内心更倾向于对古老学校的喜爱。

交流完之后,有段休息的时间,我独自一人来到了校园。

南北寺学校曾经辉煌过,当初是小学、初中、高中一体的。校园在建校时来讲是很大的,是县里有名的大学校,但随着近几年修建了大型现代化学校,原来的老学校已经远远地落伍了。那依山而建错落有致的房屋,见证了她曾经的喧闹与辉煌。现在由于这些房屋是窑洞性质的,不少被定位为不同级别的危房,都停用了。

我继续顺着水泥化的山路往上走,已经看到远处茫茫的山顶了,在那座不知名的山峰顶上,还有一座亭子,在有些光秃的山上,显得很孤独,又有些傲视独立。拾阶而上,我看到了一片大大的平地,这应该是原先学校的一个操场。因为,我上学的时候就有这样的操场。每年暑假结束之后,学校安排的第一个任务就是把操场上疯长的野草拔除。当时,对于我们来讲，那是一项神圣而幸福的工作。

　　看着这茫茫的荒草，三千年孔子和他学生的那次出行仿佛显现于我的眼前：暮春者，春服既成，冠者五六人，童子六七人，浴乎沂，风乎舞雩，咏而归。

　　自然永远是孩子最好的学校，是孩子最好的教室。每一个生命与大自然的一草一木、一花一虫，都有着千丝万缕的联系。孩子的生命需要在自然中得到滋养，得到灵性。我突然意识到，能有这样的学校和这样的草地，竟是多么的幸福。这片草地上会发生多少奇妙的旅行和故事。更美哉的是，一节语文课，一节作文课，一节科学课，一如李镇西老师和学生们在油菜花地里上课，也如孔子老先生那样，风乎无名山，舞乎野草场。真乃教育一乐事，一幸事啊！

　　临走的时候，和学校的校长聊天，我说：你们学校的环境真好。孩子能与大自然亲密接触，真是幸福。如果政府能投资，把这些危房扒了，建上新房，孩子们就更享福了。

　　校长告诉我，这是最后一年了，明年学校就要搬到镇上新校了。

　　我听了之后，心中竟有些戚戚焉。回去的路上总是在想这事：又有不少孩子要搬入那钢筋混凝土堆砌成的房子了，又有一所古老的学校被抛弃，被遗忘，被风雨和时间销蚀，连同她的辉煌和故事。

　　而我们又遗弃了多少这样的学校，这样的记忆和故事呢？

我们的师长，当您千方百计地想把一个孩子教育成您心目中的好孩子时，您必须正视这样一个事实：青少年身心的成长是一个痛苦而复杂的过程。当他们在黑暗中感到阵阵孤寂时，当他们在日记中发出莫名的长吟时，当他们在拥挤的人群里感到恐慌之时，当来自内部外部的无形压力向他们慢慢逼来之时，您不要再拿一些硬邦邦的正确的框去套他们，不要幻想只要让他们明辨是非就可万事大吉。可不可以使环境宽松一些，可不可以拿您或别人有益的人生经验去疏导他们拥塞的心灵，可不可以不把学生们当作一部部受教育的机器，而是一个个正在通过他人帮助，更通过自己不断努力而逐步形成的"人"。

——李镇西

成功与否　微笑依然

无论成功还是失败，我们都要微笑面对。这话说得容易，但做到的能有几个呢？只是说说罢了。太难了。

这几天孩子们可欢了。周三足球赛，周四红歌赛。各班都积极排练，周一周二已经达到了白热化。报告厅登台排练的排不上号，从早读到下午放学，可谓你方唱罢我登场。还有足球赛，进入决赛的球队，周五还要举行前四名的争夺赛。总之，这周是活动周，孩子们不乐才怪了。

乐吗？实际情况是好多孩子都哭了。

从昨天足球赛第一场开始说。第一场，女足三班和五班踢。三班一直被认为是很强悍的队伍，去年的女足比赛她们班是冠军。而且，她们班的足球队员都在学校足球队里。总之，大家以为三班稳赢。但是，却爆出冷门，五班一球小胜战胜了三班，三班全班女生哭成一片。

下午，我们班女足和六班踢。请允许我多啰唆几句。上届足球赛正赶上我出差，没有给学生们加油，有些遗憾。前些日子的运动会，我去焦作了也没能给孩子们加油，甚为遗憾。这次，好歹遇上了，一定要狠狠地给我们班的孩子们加油！

开始了，六班的气势明显压过我们班。孩子害怕手臂碰到球，让对方球队罚点球，再加上本身就缺乏一股冲劲，我们一直被六班挤在后面。我在场外大喊大叫的，感觉比场上球员还急眼。还有，我发现六班的队员有几个处于越位状态，都离我们的守门员很近了。我意识到这样极其危险，球一旦传过来，对方就很容易进球了。于是，我就对裁判大喊对方队员正处于越位。由于队员们对足球的规则都不是很了解，所以，裁判吹哨都非常松。由于我这样一要求，下半场裁判就吹哨吹严了。但是，不巧的是，六班的队员自己不小心把球踢进了自己的球门，一场悲剧又发生了。

本来六班一直压制着我们踢，但这个乌龙球，使得我们赢得了比赛。我也就成了罪人，让六班的女生哭了一场，六班部分女生对我意见也非常大。

今天进行半决赛，我们班的男生和六班踢，女生和一班踢。一个张姐，一个海燕，我既渴望自己的班级能赢得比赛，又希望她们也输不了，感觉太残忍了，真有点虐心。

不去看比赛，让孩子们自己踢不就行了吗。我选择了逃避。

结果，我们班女足又很侥幸，踢点球的时候，一球小胜了一班，于是一班又有好多女生哭了。

我们班的女生就这样进入决赛了。大家也许不知道，去年我们班第一轮就被淘汰了，今年这可是大的突破啊，孩子们一定非常高兴，我以为进入教室就会听到一阵欢呼声的。

但当我走进教室，却看到蓬勃、玉洁、鑫梦等几个队员也在哭，说是被别班同学骂哭了的。

哎，这就是结果吗？！

比赛就有输赢，总是几家欢喜几家忧。输了哭，我喜欢，说明为班级战斗尽力了，局外人不会哭。其次说明有进取心，没有进取心，对结果无所谓也不会哭的，说明有班级荣誉感！但是，若是让哭在心中埋下仇恨的种子，就不应该了，被比赛的负能量控制了，这样比赛就没有意义了。

　　大家会说我是站着说话不腰疼：你们班赢了，在说风凉话啊。或许是吧，至少这次我们没有体会到班级比赛失败的痛。但是，我带领的班级以前失败过多次，孩子们也哭成一片。我给孩子们时间，哭就哭吧，哭得其所。但是，哭过之后，我一定会告诉他们：失败之后，你一定要微笑地面对，生命的路上还有很多失败等着你，它们都会来折磨你、伤害你，你认为它多可怕，它就多可怕；你认为它多小菜一碟，它就多么不值一提。这些源于你的心有多大，眼光有多远。明智的人会把失败当成垫脚石，当成警世钟，警钟长鸣，石高人高，格局高了，你也会欣赏到更奇特的美景了。

　　是啊，微笑面对，太难了。但是，难才更有价值。让孩子在经历中，在"难"的面前一步步成长！

> 无限相信书籍的理论，是我的教育信仰的真谛之一。
>
> ——苏霍姆林斯基

让孩子形成自动化阅读能力

朋友的孩子成绩很差，让我给想想办法。我给开了个"药方"：阅读，大量阅读。当然这个"药方"的发明者不是我，是那些伟大的教育家，例如苏霍姆林斯基，他曾经这样说过：学生学习越感到困难，他在脑力劳动中遇到的困难越多，他就越需要多阅读……不要靠补课，也不要靠没完没了地"拉一把"，而要靠阅读、阅读、再阅读——正是这一点在"学习困难"学生的脑力劳动中起着决定性的作用。

孩子的学习成绩差，说明不具备一定的基础学习能力。而这些基础能力中，阅读能力无疑是决定性的。阅读是我们获取知识的工具，而这个工具是否好用，是否用得顺手，就决定了学习的效果。

而最终要让孩子的这个能力达到一个什么样的水平呢？应该实现自动化阅读。当然，我们希望孩子的阅读水平越高越好。而自动化阅读应该说是一个底线要求，但同时对于很多孩子而言又是有难度的。在现实生活中，很多孩子并没有达到这个底线要求。这就意味着孩子还没有获得这个工具，意味着在以后的学习中必然会遭遇巨大的而又无法克服的困难。就好比我们开车出去旅游（知识是我们沿途的风景），如果你没有掌握开车这门技术或者你的技术很差，你是无法开车到达远方，更无从欣赏沿途的风景。

那么何谓自动化阅读呢？苏霍姆林斯基曾经这样阐述：在阅读的同时能够思考，在思考的同时能够阅读。必须使阅读达到这样一种自动化的程度，即用视觉和意识来感知所读材料的能力要大大地提高。

"用视觉和意识来感知所读材料"，不是出声去读材料。实际上有很多孩子看似没有指读或者出声读，但是他在用眼睛或者嘴唇"出声地读"，而这正是孩子阅读能力低下的表现，正说明孩子没有形成自动化阅读的能力。阅读能力低下还有一个比较明显的标志，阅读速度比较慢（当然孩子阅读的是属于他们年龄段的，不是超越他们年龄段的读物）。他们阅读的时候是一个一个的字进入意识的，不是一条线性的文字流或者一副画面进入意识。所以，由一个一个字进入意识再转化成一副画面，他的速度必然慢。反之，我们看到很多孩子读书的速度非常快，也正说明孩子形成了自动化阅读能力。从这种意义上讲，自动化阅读正是一种速度的训练。

那么如何让学生形成自动化阅读能力呢？

苏霍姆林斯基提出了如下建议：小学期间，学生朗读不少于 200 小时，默读不少于 2000 小时。他认为形成这种能力的两个途径是：默读和朗读。

儿童的智力发展要经历浪漫、精确、综合三个过程，同样儿童的阅读也要经历这三个过程，一到四年级进行大量的浪漫的阅读，正是形成自动化阅读能力的最好时期，也是形成这个能力的前期，只有经过这前期的大量阅读，才能在四、五年级形成自动化阅读能力。而具备了自动化阅读能力就为下一步自动化写作能做好了准备。

另一个途径"朗读"，苏霍姆林斯基提倡进行"表情朗读"。当然这种"表情朗读"，不是我们所说的感情的"唱读"，或者拿腔拿调的"伪感情"朗读。它是儿童在理解文本的基础上的出声朗读，通过自己对文本的不同理解，而呈现出与作者共鸣的表情。它的本质是一种理解练习。

孩子自动化阅读能力形成的关键时期正是小学的低段和中段，如果错过这个时期，对孩子来讲将是无法挽回的损失。"凡是一个词一个词地阅读的人，他必然在学习上遇到不可克服的困难，实际上他是不可能正常学习的。我国成千上万的落后生，一般地说就是那些没有学会阅读的少年。"这是伟大的教育家苏霍姆林斯基几十年实践和研究的结果，对我们的教育也具有非常大的指导意义。

教育意味着让人成为一个现在就感到快乐的人。这个快乐显然主要不是指吃得好穿得好，甚至也不仅仅是指成才以后将来谋得一份好职业以便过上好日子，而是孩子在受教育的过程中，不仅充分体验到求知的快乐，思考的快乐，创造的快乐，成功的快乐，而且还充分体验到纯真友谊的快乐，来自温暖集体的快乐，来自野外嬉戏的快乐，来自少年天性被纵情释放、青春的激情被随意挥洒的快乐……

——李镇西

让文章像花生米一样美味

　　欣悦笑着说：俺语文老师太有病了！
　　哈哈，看到欣悦无所顾忌的高兴劲，"太有病了"这或许是对我的最大的褒奖吧。至少我是这样认为的。
　　"太有病"的我上次让学生对一个奶盒子大发感慨，结果，孩子们下笔千言，过600字的同学近一半，永琪竟然写到了1605字。真是给他们阳光，他们就灿烂啊。
　　这次会有什么更"有病"的想法呢？
　　上课给孩子们分花生米吃，边吃边写。嘿嘿，这个想法也够有病的。
　　不过，谁让鄙人乃吃货也！
　　有名言为证，费尔巴哈说：人就是他所吃的东西。为了成为更丰富的东西，所以要多吃，多多获取能量，才能健康。花生米乃吃品中的珍品，岂有不吃之理。吃花生米就是吃美味，吃快乐，就会变成美味快乐的人。
　　有诗为证：吃尽花生米，方为人上人。
　　闲话说得太多了，开始上课。
　　当孩子们看到我拿出了蓄谋已久的花生米时，教室里一片惊叹声，一片欢呼声。不愧是我的得意门生啊，大吃货的弟子———一群小吃货。

但是，小伙伴们吆喝也没用的，每人只分两个啊，多了你就尝不到花生米的美味了。古人云：物以稀为贵。花生米少了才美味啊。

花生米分到了孩子们的手中。他们先是议论一番，然后，就开始安静地写开了。看到大家专注地写，看到大家的思绪如泉水汩汩地往外冒，作为教师的我，心里那个得意啊。

嘿嘿，我的怪招偏招竟有如此之神效，解决了语文阵地上老大难的问题，让孩子们乐写，写得多啊。

给自己来个赞！

突然想到古人练武，到了最高境界——脚踢拳打下乘拳，妙手无处不浑然，任他四周都是敌，此身一动悉颠连。我身无处非太极，无心成化成珠圆，遭着何处何处击，我亦不知玄又玄。

那就是一切都是可用之物，一切都为可乘之机。写作课也是如此，何物都为可写之物，何时都为可写之时。只要你眼中有物，心中有物也。

我还在自得其乐的时候，下课铃声响了。我郑重其事地宣布：我的花生米老贵了，一个200元，两个400元。怎么还我钱呢？用文字来还，少一个字还我1元钱。超过1000字，我奖励10个花生米。

话还没有说完，教室里一片欢笑声。

天宇的同桌在笑他，他吃了三个。我也笑着看着他，他很自信地告诉我：老师，我能写上600字！

有这份自信真好！

播下春风下秋雨，我分了花生米，分了快乐，希望也能收获像花生米一样美味的文章，也收获快乐。

期待周一孩子们像花生米一样美味的文章。

> 教育很多时候不是指责，不是训斥，是引领，是发现。
>
> ——宋磊

桌子下的奶盒子

教室后面有张空桌子。昨天早上进教室的时候，我发现桌子底下有个奶盒子。

我想，总会有人把它捡起来放到垃圾箱里，于是没有吱声。

中午的时候进教室，看到那个盒子还在安静地躺着。我继续等待，希望能有一个人把它捡起。

下午第二节是我的课，我失望地发现那个盒子依旧在那儿。

怎么办？批评值日班长不认真负责，批评值日生没有干好值日，批评班里的同学没有爱护环境的意识，或者，找出乱扔垃圾的当事人，批评他乱扔垃圾……

不，或许有更好的方法。

首先，给孩子们讲故事：有去过台湾的吗？去过台湾的人一定为台湾的干净漂亮而赞叹。在台湾，每天傍晚，家家户户都会排队等着做一件事。大家想一想，他们在干啥？

回答什么的都有。

我告诉孩子们：倒垃圾——

我让孩子们回头看看桌子下的盒子，告诉孩子们：这是你们今天晚上的素材，请写一篇日记。

第二天，我让学生展示自己的日记，并请三个学生上台读了自己的文章。他们都认识到了爱护环境的重要性，并且有了自己的体会。三个同学都写了七八百字，最多一个写了1605字。

哈哈，一个盒子，竟然带给我们这么多的故事，这么多的精彩。

教育很多时候不是指责，不是训斥，是引领，是发现。

教室里没有什么问题和麻烦，所有的问题和麻烦都是机会，都可以成为成长的契机。

> 父亲和母亲是如同教师一样的教育者,他们不亚于教师,是富有智慧的人类创造者,因为孩子的智慧在他还未降生到人间的时候,就从父母的根上伸展出来。
>
> ——苏霍姆林斯基

上帝为每只笨鸟都准备了一根矮树枝
——写给那些苛求孩子成长的家长们(也包括我)

孩子上了一年级之后,我感觉自己的心态变了很多。对儿子的每一次成绩都很关注,儿子一旦考试成绩不理想就会着急。而一旦考出不错的成绩,例如语文数学考了双百,我又会欢喜。不正常,太不正常了。

在儿子没有上一年级之前,我总是会规劝那些为孩子一次考试失手而着急的家长:小学阶段考试考 100 分和 95 分没有区别,甚至 85 分都没有问题。并且,小孩子粗心,一两次失误太正常了。

而如今,落到自己身上,突然感觉不是那么回事了。自以为读了些许教育学书籍,对孩子的教育就能举重若轻了。但是我却如此地不淡定。哎呀,惭愧啊,真成为标准的"当局者迷"了。

孩子的老师经常会把孩子的成绩以短信的形式发到家长的手机上,孩子考好考差,都有鲜明的对比。我为此心中总是涌起波澜。

曾经写过一段文字:在孩子的成长面前老爸是脆弱的。谁都希望自己的孩子出类拔萃,高人一等。

但是,现实不是这样的,都高人一等了,那谁低呢?如果真正都高了,低者就为贵了。物以稀为贵嘛。

我们教育了多年,能清楚地认识到,孩子就是存在差异。这是科学,这是必然。而很多时候,我们缺少对这种差异的正确认识,都一厢情愿地想让自己的孩子超越别人,成为佼佼者,成为最优秀者。而很多时候,我们发现苛求的心态下的教育，带来的结果恰恰相反。在教育孩子的初期或者一、二年级的时候，家长都是信心满满的（很多时候是满满的苛求），而进入高年级看到孩子成绩不理想时，对孩子的教育就变成放任，让其自生自灭了。这种情绪化的教育，对孩子是非常不好的。正是家长的情绪化造成了孩子的逆反。情绪化的家长只能培养出情绪化的孩子。从某种意义上讲，只有在家长平静的状态下，教育才得以发生。

教育是什么，教育是让姚明成为姚明，让潘长江成为潘长江，让周杰伦成为周杰伦。最成功的教育是遵循孩子生命的轨迹，让每一个孩子成为他们自己，成为更好的自己。在自己世界里能获得一份快意与自尊。

而即使我们的苛求最后让孩子取得很优异的成绩，考上了好大学，但是，这样的孩子快乐吗，幸福吗？很多时候，这些孩子只是家长意志的牺牲品。

土耳其有句谚语：上天为每只笨鸟都准备了一根矮树枝。家长要有这样的心态，我家即使有只小笨鸟，但是，我要让他成为一只快乐的小笨鸟。即使现在他还飞得不好，飞得不高，但是他只要快乐幸福地长大，他总会找到属于自己的树枝的。

后　记

　　我在追问自己：整理这些书稿有什么意义吗？我知道书中的文字不是什么精华，更不是玉露琼浆，甚至会有些许糟粕，由于我视野所限不正确的地方。但是，在这些或平静或热烈的文字背后，那是一段激情岁月的见证：经常为了敲击这些文字，一两点才睡，甚至，兴奋的时候，凌晨三点多了还起来敲击键盘，敲打到东方晓白……

　　在追问其意义的同时，更多的是敝帚自珍。

　　三年了，2014年到2016年，对我来讲是别样的三年，是幸福的三年，是收获满满的三年。而这种收获，不是表象意义的我得了什么证书，做了哪些报告，更重要的是内心的丰盈和收获，而正是这种丰盈，让我有了存在感，有了价值感，也让我更加尊重、热爱我自己，一如杨绛先生所说：世界是你的，与他人无关。

　　而就在2014年之前，或者更确切地说，在我未与新教育相遇之前，我对教育教学一直是处于逃避状态。请不要指责我的逃避和我的懦弱，这更多的是一种无助，人们不会指责一个面临威胁的人拼命抓住一棵生命稻草的那种失态。我曾经一度沉迷于书法，一度迷恋钓鱼，想通过涉猎其他来弥补工作上的不足带来的挫败感，甚至生命的无意义感。

　　海德格尔说：以什么为职业，就是以什么为生命意义之所托。是的，一位教师的生命中的最关键、最重要的时光都是在教育教学中度过的，如果这一段时光是晦涩的，是乏味的，甚至是无法让人忍受的，那么其他方面再好，都将是人生的一个缺憾，至少这段人生不是光亮的。

　　2014年，我遇到了生命中的重要事件——拜读了朱永新教授的《中国新教育》，并且开始接触新教育。这在书稿中的很多文字都涉及了，不再说了，满心的感恩。如果说新教育是让我们回归的一个最直接、最重要的因素，我想还有一个遥远的、隐蔽的因素——学生对我的热爱。特别是

2013级那批孩子，他们的懂事，他们的勤奋，他们对教师，特别是对我的那种眷恋，让我的内心充盈了更多幸福感。而这批孩子，现在已经初中毕业，就在前一段时间，小冉还给我写信：

我怀念以前，以前的六三小剧场，以前的苹果杀手，以前的青涩叛逆。时光荏苒，我相信我们不只是你我生命中的过客，至少在我心中您是第一个我真正的人生导师，教会我小猪努力也会飞翔。

愿你我都好！

小健子，还发短信告诉我，他顺利考上一中了。雅琪和一鼎告诉我，她们以及庚辰、明君等好几个同学都考上了一中实验班。他们初中分离之后，又将在实验班相聚了。

是的，很久以来正是幸福的瞬间，日日来袭，弹拨着我的心弦，让我不停地写，而这一写，就写到了一百万字。是的，正是这些幸福的生活，温暖着我，震撼着我，魅惑着我，让我开始回归，寻找生命意义所托的渡口或者是归宿。

她，这些书稿，或许就是我三年教育生活，以及我的教育之心回归的一个印证。

有时候我会傻傻地问自己：如果2014年不遭遇新教育，我现在会怎样？我知道这是一个傻问题，就如同儿子问他的妈妈：如果你不和爸爸结婚，我会怎样啊？这样的问题只有一个答案，那就是：没有"如果"。我只能相信这是命运的契合，让我那颗漂泊孤独的心有了归属，虽然步伐依旧踉踉跄跄，但让我可以：充满劳绩，诗意地栖居大地上。

泰戈尔说：天空中没有留下我的影子，但我已飞过。我和孩子们不仅飞过了，而且留下了我们幸福的脚印。

这篇书稿，也正是我那段幸福生活的见证。

感谢2013级3班和飞翔班的孩子们，你们是对我教育幸福完整的成全，你们是让我热爱教育、追寻教育的使者。

感谢自己，在那么多个夜晚，为自己的生命旅程敲打这些文字，没有让她轻飘飘地消失在时间的流逝里，让她能像一棵树，或者是一棵草，在岁月里站立，与我翘首。

感谢我的父母和我的妻儿，他们给了我一个幸福温馨的家，让我有更多的精力和时间来思考我的工作。

感谢梁邹小学的领导们，刘司军校长、田家云副校长、赵方正校长以及李振杰校长，他们不仅仅给予我平台和帮助，更给予了我引领和指导。

感谢梁邹小学的同事们，对我的任性给予了莫大的宽容，为我营造了一个和谐的工作氛围。

感谢刘沛华老师，他作为名师名班主任没有一点架子，非常谦和。他虽与我未曾谋面，却欣然为我写序。

感谢新教育，感谢朱永新教授、作家童喜喜以及飓风老师、蓝玫老师、神鹿老师、轻风老师，因为你们，我的生命一次次被点亮，让我亲近美好，成为美好。

"相信种子，相信岁月"，我憧憬着并将继续我的新教育之路，一路幸福地走下去。

宋磊

2016年7月18日